DABRAY

DU

CONSEIL DES CINQ-CENTS,

En réponse au premier libelle du citoyen Gastaud de celui des Anciens.

> Ceux qui liront cet écrit sans s'indigner des horreurs qu'il dévoile doivent rougir de n'être ni Français ni hommes.

LES incroyables efforts que des fripons avérés, destitués, et renvoyés devant les tribunaux (1) ont faits pour éviter une punition exemplaire que toutes les convenances réclament, m'ont déterminé à faire imprimer et distribuer en messidor dernier un mémoire appuyé de pièces probantes, pour mettre au grand jour

---

(1) Voyez l'arrêté de destitution et de renvoi, à la *page* 18 de mon mémoire du 9 messidor dernier, d'après lequel c'est en vain que le citoyen Gastaud prétend, à la *page* 24 de son libelle, que je les ai confondus, lorsque lui les a distingués ; sa lettre au *Publiciste*, insérée à la *page* 30 de mondit mémoire, lui donne un démenti formel : d'ailleurs, ils ont fait cause commune entre eux, quoique non également coupables, puisqu'ils ont administré plus ou moins de temps sans s'écarter du système de frustrer la nation, moyennant finance, de ses droits légitimes, et de lui en attribuer d'illégaux, pour en profiter.

A

la longue série de leurs turpitudes, commises dans l'exercice de l'administration centrale des Alpes maritimes.

L'autorité supérieure, convaincue de leurs nombreux forfaits par des preuves matérielles, a fait reprendre contre eux les poursuites judiciaires; et c'est par la fuite qu'ils se sont soustraits aux mandats d'arrêt qu'on a lancés (1).

Le citoyen Gastaud, jadis commissaire près d'elle, et maintenant patron déhonté de ses complices, empruntant une plume étrangère, assez vil pour mentir à sa conscience (2), vient de publier à cet égard un dégoûtant libelle en cent cinquante-sept pages (3).

Abstraction faite des injures grossières que le public saura apprécier, et des inconséquences et contradictions qui y fourmillent, trop sensibles et frappantes pour échapper aux lecteurs (4), je vais l'analyser et y répondre (5) avec quelques détails, pour relever toutes les fausses suppositions; détruire toutes

---

(1) En terminant la présente, je viens d'apprendre qu'un d'eux, ou soit Dony, impliqué dans l'achat et exportation des effets de guerre, et non dans la friponnerie relative à l'argenterie Lascaris, s'étant constitué en prison, a obtenu sa liberté moyennant caution ; et que la citoyenne Gastaud est désolée de ce qu'on ne veut pas accorder la même faveur à Payany, Scudery et Obetty, ou au moins aux deux derniers, pour lesquels elle a de la prédilection : quel dommage !

(2) On est tenté de croire que son faiseur, en voulant dessiner mon ex-collègue Massa et moi, l'a pris pour modèle, tant il le peint d'après nature, ou, pour mieux dire, il l'ébauche ; car, le portrait achevé seroit et plus saillant et plus hideux sous tous les rapports.

(3) Le public, et sur-tout mes concitoyens et mes collègues, qui auront eu la patience de le lire, se persuaderont sans doute que, malgré ses abominations, je n'en suis point affecté ; il n'exciteroit en moi que la pitié et le mépris, si mon silence, utile au crime, ne nuisoit à l'innocence, aux intérêts de la nation, et à la morale universelle, idole des hommes libres.

(4) Je ne puis m'abstenir de désigner, dans le grand nombre, celles qui existent aux pages 6 et 7, où, après avoir affirmé que les républicains, tels que lui, ne m'ont jamais épargné les injures, il assure que j'ai payé d'ingratitude l'estime et l'attachement qu'ils m'avoient voués, et les sacrifices qu'ils ont faits pour me faire réélire. Avouez, citoyen Gastaud, que vous êtes aussi bien peu reconnoissant à l'intérêt que j'ai pris pour faire dispenser les ânes du droit de passe. Voyez à la page 3 de son libelle.

(5) Massa, supérieur à ses atteintes, le méprise trop pour daigner en faire autant ; mais je le suppléerai sans mission.

les calomnies et assertions gratuites ; signaler toutes les infamies et toutes les perfidies ; éliminer tout le louche, toute équivoque, toute méprise ; prouver de plus en plus que mon collègue Massa, et moi, nous les avons soutenus de tous nos moyens tant que nous les avons crus honnêtes et victimes de la réaction (1) ; que nous les avons ménagés au détriment même de notre réputation, tant qu'ils ne nous ont paru que fautifs (2), et que nous ne les avons démasqués et foudroyés aux dépens de nos intérêts et de notre repos, que lorsque nous les avons reconnus criminels et dangereux au pays et à la République (3) ;

Démontrer, en un mot, que, dans la conduite réciproque, la vérité est notre seul guide, et le mensonge leur aliment naturel.

Je pourrois peut-être m'en dispenser, si ceux qui nous connoissent devoient prononcer ; mais, dans l'état des choses, on ne doit rien négliger pour éclairer l'opinion d'autrui, et il importe de réfuter même les minuties.

---

(1) Ceux qui, en l'an 3, composoient les trois comités de gouvernement de la Convention nationale peuvent s'en rappeler ; nous fîmes tant de démarches pour les sauver des fureurs des royalistes et fanatiques réacteurs, que Rovère chargea les représentans en mission de prendre des informations contre moi ; et Daideri, devenu ensuite un des agens affidés du citoyen Gastaud et consorts, sous prétexte de réclamer le libre exercice du culte, faisoit signer, dans la boutique de Grosson, marchand drapier, des adresses pour me dénoncer. On voit que les fripons, quoique, à certaines époques, d'opinions différentes, savent se mettre d'accord et agir de concert, lorsque la soif de l'or, ou des machinations criminelles les rapprochent.

(2) Les réponses écrites que nous fîmes, en l'an 5 et 6, aux ministres de l'intérieur et de la police générale sur les nombreuses accusations portées contre eux le prouvent que trop : nous crûmes, trompés par leur correspondance machiavélique, qu'elles partoient des partis extrêmes ; et la crainte de nous y livrer, ce qu'ils ne cessoient de nous faire redouter pour nous séduire, nous fit, presque sans le vouloir, pallier la vérité, déguiser même les faits. Dès que nous avons reconnu nos erreurs, nous sommes revenus sur nos pas ; mais le mal étoit fait, et nous en gémissons : au reste, il est imputable à moi seul ; car Massa, moins prévenu pour eux, comme étranger au pays, et plus connoisseur en hommes, inclinoit à la destitution de tous, d'après des renseignemens particuliers que lui avoit donnés l'ex-administrateur Cauvin. Je dois pourtant observer que lorsqu'ils surent que nous étions tombés dans le piége en écrivant pour eux, ils se conduisirent pis, et n'eurent plus de frein.

(3) Voyez mon mémoire du 9 messidor dernier, et les pièces y jointes.

Lorsqu'on ignore jusqu'où peut aller l'impudence du crime, on est réellement surpris que ces misérables vauriens, dont ce qui suit constatera l'effroyable noirceur, se voyant enfin convaincus, et pris, pour ainsi dire, la main dans le sac, ne soient rentrés dans la boue dont ils sont pétris, pour y végéter en silence du fruit de leurs rapines, si toutefois on leur permet d'en jouir, sans les envoyer pour le moins au bagne dépouillés de leurs brigandages, et qu'ils osent encore paroître en effrontés, insulter en faquins, et faire imprimer avec une audace extrême et une mauvaise foi insigne (1).

Ce n'est pas qu'ils se flattent de pouvoir jamais se justifier, ou inculper les autres avec succès : on sent assez que cela n'est pas facile. Ils veulent seulement en imposer par un excès de témérité, et s'exempter, s'il est possible, du châtiment et de l'opprobre, en brouillant les cartes par un tissu et un amas de mensonges.

Vainement ils le tentent ; j'ai promis de les poursuivre jusqu'à la mort : je tiendrai parole ; l'intérêt général m'y oblige. On sait que je ne transige point avec mes devoirs ; c'en est un de dévoiler des scélérats qui m'ont trompé, pour nuire au public et s'enrichir à ses dépens par d'immenses friponneries et des prévarications inouies (2). Rien d'ailleurs ne me coûte, quand il faut servir la patrie, dont les circonstances peuvent même retarder en moi le pressant besoin de venger un outrage (3).

Je tâcherai donc, pour le moment, de leur réappliquer le sceau de l'infamie par un second coup de massue, en attendant que le temps et la justice tôt ou tard fassent le reste.

En parcourant le libelle entortillé, incohérent et vraiment arabo-grotesque (4) du citoyen Gastaud, dont les faussetés, les

---

(1) Le citoyen Gastaud l'a poussée si loin qu'on le conçoit avec peine, tant il répugne de croire à un tel degré de corruption ; il me fait parler lorsque je me tais ; taire, lorsque je parle ; nier ce que j'admets, admettre ce que je nie ; il supprime ce qui est, et suppose ce qui n'est pas : tout est par lui altéré, transformé, confondu, inventé avec une impudeur sans pareille.

(2) Voyez mon mémoire du 9 messidor, et les pièces à l'appui.

(3) Voyez les deux premières pièces ci-après cotées *pages* 1 et 2.

(4) Rien de plus étrange, de plus plaisant, ni de plus ridicule que les confé-

impostures, les insultes et les sarcasmes surpassent les lignes et décèlent en lui une ame bien basse, bien atroce et bien perfide ; on a lieu d'être étonné que son faiseur (1) ait glissé légèrement et avec adresse sur les principaux objets, pour s'appesantir sur les moins importans, et m'ait endossé ce qui appartient aux autres (2).

---

rences, les confidences, et les révélations qu'il rapporte dans son libelle : on peut bien dire qu'il semble se jouer de la crédulité et de la bonhomie des lecteurs, ou qu'il les croit tels qu'il est lui-même.

(1) Il est si bête, qu'il ignore que le code criminel du roi de Sardaigne, à quelque chose près, étoit un des meilleurs de l'Europe ; que, dans ses états, les avocats fiscaux provinciaux n'étoient point salariés, n'y pouvoient abuser de leurs fonctions, étant soumis chaque trois ans au syndicat : j'en ai subi quatre sans qu'il y eût la moindre plainte contre moi, quoique piqué par le sénat avec lequel j'étois souvent aux prises ; que le collége des provinces de Turin ne patentoit personne ; qu'enfin les tribunaux de la Ruota, dans les républiques italiques, ne choisissoient point leurs membres ; et ceux-ci n'étoient pas tels qu'il les qualifie. Sans vouloir m'ériger en apologiste d'un grand nombre de fonctionnaires publics de l'ancien régime, dont mes écrits prouvent que je ne les ai pas épargnés ; j'aurois désiré que l'individu qui les fait attaquer tous indistinctement ne les eût ni imités, ni surpassés en turpitudes. Voyez son libelle, aux *pages* 2, 25, 32, 34, 35, 36, 53 et 54.

(2) Je veux parler de ce qui, dans mon mémoire, est marqué de guillemets, comme extrait de la correspondance d'autres individus tels que Massa et Villaret ; j'ai déjà dit, à la *page* 5 de mon mémoire, que, quant à ce dernier, je ne partageois pas l'exagération de ses principes. C'est moi qui, en l'an 4, à l'occasion de mon premier congé, le fis rappeler de sa mission de Tende, lorsque le citoyen Gastaud le protégeoit comme secondant ses vues, ne l'ayant abandonné que quand il lui vit dénoncer ses complices, et à la veille presque de son élection, pour réunir sur lui tous les suffrages. La réponse que, le 29 frimaire an 6, je fis au ministre de la police générale, sur les vingt-un chefs d'accusation portés par lui et autres, contre l'entière administration centrale, prouve qu'il n'avoit ni mon estime, ni ma confiance ; car elle terminoit ainsi : « En combinant tout ce que dessus, et les pièces y jointes, vous serez à même, citoyen ministre, d'apprécier la véracité et l'exactitude des inculpations, et les principes et sentimens, non moins que les arrières-pensées des dénonciateurs, fixés à Nice depuis la révolution, par leur inconduite dans les départemens respectifs, et même ailleurs, à la tête desquels est le citoyen Marc Villaret, jadis garde-magasin des approvisionnemens de l'armée et des prises maritimes : les écarts que les mêmes s'étoient permis au mépris des lois et de l'acte constitutionnel, et leurs efforts à semer des divisions et à fomenter des troubles dans un pays qui a besoin de repos, d'union et d'accord, me forcèrent d'appeler sur eux l'attention des autorités locales ; et gênés par icelles dans leurs projets sinistres, ils agissent contre elles, comme la lettre cotée n°. 10, et écrite, le 12 frimaire

Comme les faits avancés par eux sont non-seulement constans et notoires, mais encore de la plus grande exactitude, j'en garantis la véracité, et je me charge, au besoin, d'en fournir la preuve.

Le citoyen Gastaud, dont le physique laisse entrevoir les qualités morales (1), commence par assurer que mon mémoire étoit annoncé depuis trois mois, lorsque son contenu atteste sans réplique qu'il a été conçu, rédigé et livré à l'impression, du 30 prairial au 9 messidor dernier.

Il prétend en outre que peu connu le même dans mon département (2), il a été distribué à Paris avec profusion pour lui diminuer la confiance.

Si les premières allégations sont au moins erronées, le but qu'il m'attribue est vrai, et des hommes de tout mérite m'écrivirent à cette époque que sa nomination au secrétariat des Anciens augmentoit la bizarrerie des circonstances, et prouvoit de plus en plus combien les intrigans astucieux, chargés de dépouilles, étoient habiles à prendre tous les masques, à se glisser dans la foule en criant au voleur, même d'avance, et à saisir toutes les occasions pour se mettre en avant et duper les gens de bien. En effet, si ce ne fut pour leur donner plus d'éclat par la comparaison, il étoit difficile de ravaler davantage les lumières, la probité et le patriotisme du reste du bureau; le public étoit même scandalisé qu'on y eût placé un individu qui ne sa-

---

échu, par la députation au Directoire exécutif, pourra aussi vous en convaincre. Dans l'état des choses, il vous sera aisé de reconnoître que la députation a fait tout ce que les circonstances exigeoient, et vous voudrez bien ordonner à l'administration municipale de Nice de se concerter avec le général de division Garnier, pour renvoyer sous la surveillance de leurs communes les fainéans sans aveu, principaux meneurs de la réunion qui s'y est formée; car je prévois que sans cela l'ordre y sera désormais troublé. » J'étois alors bien loin de penser qu'il eût raison, et que la véracité des faits qu'il énonçoit me forceroit un jour à admirer son courage; car il en faut avoir pour attaquer de front des fripons coalisés et puissans, engraissés de la substance du peuple, et capables de tout faire pour la conserver.

(1) Quand même il eût de la pudeur, son teint naturel l'empêcheroit de rougir.

(2) Les faits qu'il énonce l'y sont que trop.

voit pas lire la correspondance ; nombre de membres en étoient humiliés.

Tout en supposant que j'aie toujours peu d'influence auprès de mes concitoyens, qu'il dit me bien connoître, et pour lesquels il assure que je n'ai rien fait, il affirme que, ne pouvant plus être réélu député, je vise à me faire nommer par eux, en l'an 8, au tribunal de cassation.

Il suffira de lui observer que, d'après la loi organique du 5 vendémiaire an 4, le département ne doit y nommer que dans cinq ans ; et que, loin d'avoir sa prévoyance (1), j'ai déja pris *pag.* 13 de mon mémoire, l'engagement solemnel et irrévocable de ne plus remplir aucun emploi public. Au reste, il se trompe s'il croit que je ne puisse plus être immédiatement réélu ; car si sa nomination étoit déclarée nulle comme contraire à l'article 13 de l'acte constitutionnel, ou s'il donnoit sa démission pour ne plus souiller des fonctions augustes et ternir un des corps les plus respectables, je pourrois même le remplacer, en me déterminant toutefois à prendre femme.

Il me fait le courtisan familier des ex-directeurs (2), sans lesquels

---

(1) Le citoyen Gastaud a ambitionné la place de représentant du peuple dès l'organisation du département des Alpes maritimes, en 1793. Lors de la première assemblée électorale, le citoyen Jacques Défly fils, qui avoit en vue de faire nommer son père, lui opposa sa faillite ; ce qui déconcerta ses intrigues y relatives, et fit qu'il ne put être qu'administrateur, en après il n'a cessé de manœuvrer pour cet objet, et il y a réussi en l'an 6 par des moyens qui sont très-connus dans le pays et ailleurs. Je suis bien aise qu'il soutienne que je n'ai eu aucune part à sa nomination ; je desire même que tout le monde en soit persuadé ; car je craignois d'y avoir contribué d'une manière indirecte, en lui accordant ma confiance dont il a si étrangement et si indignement abusé. L'assemblée qui l'a élu, composée de soixante-quatorze individus seulement, étoit en général si mauvaise qu'elle nomma pour haut-jury celui que Babœuf avoit indiqué pour représenter le département ; mais la loi du 22 floréal en fit justice sans même que la députation s'en mêlât : l'honneur du Corps législatif et le bien de ma patrie et de la République auroient exigé qu'elle n'en fût pas restée là.

(2) Il me fait aussi fréquenter les ministres : eh bien ! je déclare que je n'ai vu que deux fois Duval ; la première, pour lui rappeler les prisonniers de la Briga, et la seconde pour lui parler des otages italiens arrivés à Nice ; que je n'ai vu qu'une fois Fouché, pour lui faire lire une note sur l'état du département ; que je n'ai vu qu'une fois François (de Neufchâteau) pour solliciter de lui des subsistances pour mes commettans, et une fois son successeur pour le même objet et

il ne seroit ni gorgé de richesses, ni bouffi d'un orgueil qui lui sied si mal (1), le mouchard lancé par eux dans les salons de conférences et autres réunions de représentans, et il me transporte en personne au bureau central pour y dénoncer comme réfractaire à la loi sur la conscription un de mes concitoyens visiblement attaqué de myopie.

Je n'ai pas vu dix fois les ex-membres du Directoire ; je n'avois avec eux aucune liaison intime ; je ne les ai entretenus, soit par écrit ou de vive voix, que des affaires publiques de mon département sans jamais leur demander des faveurs particulières, quoiqu'ils eussent pour moi quelque bienveillance (2), dont certes je ne me suis pas vanté comme il a voulu l'insinuer (3);

---

pour m'instruire des dénonciations portées par les ennemis de la République contre mon ex-collègue Massa ; que je n'ai vu qu'une fois Millet-Mureau, et une autre Bernadotte, pour me plaindre avec eux de la désorganisation de tous les services militaires dans mon département; que je n'ai vu qu'une fois le ministre de la marine Bruix, pour l'informer du délabrement du port de Nice ; que je n'ai vu qu'une fois Cambacerès, pour lui faire remarquer un article de mon mémoire, sans avoir pas même connu son prédécesseur; que depuis quinze mois à peu près je n'ai plus vu le ministre des finances, et depuis plus de trois ans celui des relations extérieures, ne l'ayant vu que pour lui fournir des renseignemens sur la pièce ci-après, cotée n°. III.

Lorsque les affaires publiques et particulières l'exigent, je leur écris, parce que je ne veux pas les surprendre par des verbiages et des pièces de commande. On voit, par le libelle du citoyen Gastaud et les pièces y jointes, qu'il tient une marche différente.

(1) Lors de l'installation du Directoire exécutif, il fut nommé commissaire sur ma proposition : les persécutions outrées qu'il avoit essuyées par les réacteurs dévoués au roi de Sardaigne, avec lesquels il est maintenant lié, me le rendirent intéressant ; d'ailleurs il m'avoit déja manqué : je crus salutaire de donner cet exemple, et c'est peut-être la plus grande sottise que j'aie faite de ma vie ; je prie les républicains de me la pardonner, car j'en suis assez puni.

(2) Je m'en honore tout aussi bien que de la haine des méchans.

(3) Il a voulu insinuer encore qu'en écrivant aux ex-ministres Duval, et François (de Neufchâteau), je leur rappelois toujours que j'étois un des soixante-treize : or le premier le savoit ; car il en est un autre, et on a prétendu que le dernier s'étoit prononcé contre eux. Quand on ment par habitude, on fournit, sans le vouloir, des armes contre soi. Il me reproche aussi d'avoir écrit à Robespierre pendant ma détention : or chacun sait qu'il s'étoit intéressé pour nous, et que nous lui écrivîmes presque tous pour l'engager de solliciter notre rapport. On voit par son libelle que, jugeant les autres d'après lui, il est de l'avis de son apôtre ; car il y assure que mes partisans sont peu nombreux, quoique je les croie en très-grande majorité : malheur à la France, s'il en étoit autrement !

je

je n'ai fait la moindre démarche auprès du bureau central ; je ne connois ni le local de ses séances ni aucun de ses employés ; je croirois m'offenser et avilir mon caractère que d'ajouter un seul mot pour repousser les assertions combinées par la plus profonde perversité.

Les anciens directeurs, contre lesquels le citoyen Gastaud s'est déclaré avec une rage délirante, parce qu'ils ont frappé ses complices (1), avoient mon estime pour les services qu'ils ont rendus à la révolution : ils la conservent malgré les fautes d'administration qu'ils ont commises ; car, convaincu de leurs bonnes intentions, et tout en admettant qu'ils s'étoient mal entourés, je les crois plus malheureux que coupables : j'ai applaudi à leur démission ; s'il avoit fallu les y contraindre, je m'y serois refusé, et je suis persuadé que leur mise en jugement auroit été par ses suites une calamité dont les ennemis auroient profité tout aussi bien que si on avoit déclaré la patrie en danger : en dépit des bavardages, de la bêtise, de la malveillance et de la perfidie, je penserai ainsi jusqu'à ce que le temps éclaircisse bien des choses.

Quant à la loi du 22 floréal, dont il me fait le coopérateur et le prôneur, j'en ai soutenu le principe, blâmé le mode et l'étendue : car elle annulla même les opérations des Basses-Pyrénées ; que j'avois fait valider.

Après m'avoir fait espion et délateur (2), le citoyen Gastaud

---

(1) En qualité de mécontent, il étoit admis aux conciliabules ténébreux qui devoient nous redonner l'exécrable régime dans lequel il a brillé en 1793 ; son libelle, où l'on observe le ton, les expressions, les ruses, l'astuce, l'impudence et la tactique révolutionnaires, manifeste ouvertement qu'il étoit initié dans les mystères dont les prétendus oligarches, ou soit les constitutionnels de l'an 3, devoient être les nouvelles victimes ; mais son attente est frustrée, et son espoir est à jamais déçu. Le peuple français, républicain sans retour, ne veut plus être le jouet de tous ces sycophantes politiques ; ils ont assez flétri et compromis la plus belle des causes ; il est temps que la sévère probité, la vertu austère, le civisme éclairé, l'impartiale justice, et une mâle sagesse en imposent, par une indispensable et inaltérable coalition, aux brouillons, aux factieux, aux pillards démagogues et thermidoriens ; car je n'aime pas plus les uns que les autres ; tous étant des fléaux qui finiroient par nous perdre, et nous ramener à l'esclavage à travers mille malheurs.

(1) A la *page* 15 de son libelle, il me fait aussi dénoncer tous les membres des administrations et tribunaux : je déclare donc que depuis le régime consti-

Dabray. B

me rend noble, ou, pour le moins, apte à le devenir sans que je m'en doutasse. Je sais bien que mon bisaïeul, fils à un riche négociant, avoit acheté, il y a plus d'un siècle, une partie d'une montagne stérile et sans habitans, qu'un duc de Savoie avoit donnée à son médecin Auda, et que la même fut aussitôt réunie sans indemnité à la couronne, sur ce que le prix n'en étoit pas rentré dans la caisse de ses domaines ; mais je ne croyois pas qu'une telle acquisition me transmît un titre qui m'autorisât à prétendre aux droits d'une caste privilégiée. J'y ai si peu prétendu, qu'il est connu que j'étois brouillé avec elle, parce que je n'ai jamais voulu assister à ses réunions, malgré que j'eusse le droit d'y être admis comme fonctionnaire public. Il est pourtant vrai que ma famille jouissoit, à Nice, d'une certaine considération ; car mon grand-père en a été juge, et j'avois succédé à mon père dans la place d'avocat fiscal-provincial : ce qui me mettoit en relations avec les premières autorités, et m'obligeoit, comme chef d'office ayant trois substituts, à quelques dehors qui m'étoient à charge et n'entroient point dans

---

tutionnel, je n'ai provoqué dans lesdites autorités que les destitutions suivantes ; savoir, en l'an 4, celle du commissaire substitut près les tribunaux civil et criminel, pour cause d'inconduite grave ; en l'an 5, celle de l'entière administration municipale de Nice, sur une lettre de Faypoult, que mon collègue Salicetti me remit, dans laquelle il se plaignoit de la protection accordée aux émigrés qui rentroient en France ; en l'an 6, celle de deux membres de l'administration centrale, dont un peut-être des moins coupables, lorsque, consulté par les ministres de l'intérieur et de la police générale sur les dénonciations portées contre toute l'administration, j'aurois dû la faire destituer en totalité ; enfin, en l'an 7, celle du citoyen Roassal, commissaire près les tribunaux civil et criminel, et pour les motifs énoncés aux pages 20 et 21 de mon mémoire, à l'appui desquels je produis la pièce ci-après cotée n°. IV. Conserver ce dernier dans ses fonctions, est un scandale public : et le pouvoir qui l'y maintient, ou est trompé, ou il ne remplit pas ses devoirs ; car il est certain que cet individu en a abusé, et il en abuse : si je ne l'avois fait nommer, je n'insisterai pas davantage. Quant à l'accusateur public que j'ai aussi désigné aux pages 19 et 21 de mondit mémoire, il est absolument faux, malgré les exclamations et interrogations qui existent à la page 15 du libellé du citoyen Gastaud, que les conclusions rédigées contre lui par écrit, sur une procédure écrite, et ordonnée par l'autorité supérieure, m'aient procuré les désagrémens qu'il énonce de la part du ci-devant sénat, duquel j'ai eu au reste plusieurs fois à me plaindre. Si en après, les circonstances et les embûches du citoyen Gastaud qui me l'avoit supposé patriote m'ont fait revenir sur son compte, j'ai tort d'avoir oublié, à l'égard de tous deux, l'adage *semel malus, semper malus in eodem genere mali.*

mes goûts : c'est ce qui fait dire au citoyen Gastaud que j'avois des habits de velours, quoiqu'il ait la bassesse de m'en couvrir lorsque j'étois dans les fers, tout en me faisant avare, ou pour le moins fort économe. (Voyez son libelle, *pag.* 30 et 59.)

Remarquez que soixante années de fonctions publiques ont diminué mon patrimoine des trois quarts (1), tandis qu'elles ont plus que centuplé dans cinq ans celui du citoyen Gastaud : c'est une chose qui, sans être extraordinaire, n'est pas indifférente à l'objet ; car elle prouve que l'indépendance des principes dont il se glorifie dans son libelle entraîne en lui l'oubli de sentimens, et le porte à les fouler aux pieds pour plus de suite et d'harmonie dans le système qu'il a adopté dès sa jeunesse.

On peut citer à l'appui de ceci le grief qu'il me fait de n'avoir pas traité le roi sarde comme lui, ses créanciers et la République.

Oui, citoyen Gastaud, mes opinions, et ma conduite privée et publique antérieure à la révolution ont toujours été conformes à ses principales bases; mais je n'ai jamais perdu de vue qu'un magistrat a des devoirs particuliers à remplir envers le gouvernement qu'il sert, de quelle nature qu'il soit. C'est pour cela que, lorsque m'étant expliqué, avec ma franchise ordinaire, que je devois faire respecter les lois et non vexer le public, je fus soupçonné de trahison. Je dus repousser avec force une telle imputation, qui n'étoit pas fondée ; et je serois fâché qu'elle l'eût été. J'avouerai même que le bien de la chose et celui de mon pays me faisoient désirer que la réforme des abus de la société n'eût lieu dans les états voisins qu'après être terminée en France. C'est dans ces vues que je penchois, avec plusieurs autres employés de la cour, pour la neutralité, l'éloignement des émigrés et la répression de leurs entreprises et de leurs écarts, afin de prévenir toute mésintelligence et éviter ou éloigner une rupture dont je prévoyois et calculois les conséquences. Vous, par contre, vous étiez trop affamé et pressé par tant de besoins (2), pour ne pas vous prêter à hâter une crise subite, un bouleversement total et

---

(1) Je puis l'établir par des actes publics.

(2) La lettre que, le 29 novembre 1790, il écrivoit à ses créanciers de Marseille, le prouve sans réplique. (*Voyez* la pièce ci-après, cotée n°. V.)

la curée qui s'en suit, dont vous avez si largement et si scandaleusement profité au préjudice du peuple, qui devoit en recueillir les fruits et les bienfaits, tout en prêchant sa cause avec l'hypocrisie qui caractérise vos semblables, pour la honte éternelle des républicains : car il n'est malheureusement que trop vrai que des êtres vils, dégradés et cupides se sont fourrés dans leurs rangs, et n'ont concouru à renverser les anciens dominateurs que pour les remplacer dans leurs biens et leur puissance, dans leurs vices et leurs défauts.

La contenance que j'avois gardée dans les circonstances qui précédèrent et suivirent cette époque, et celle que je tins après le départ précipité des Piémontais, et jusqu'à l'arrivée amicale des Français pour maintenir avec les bons citoyens l'ordre, autant que possible (1), et la lettre que, seul fonctionnaire resté à mon poste, j'écrivis dans ce dernier intervalle au ministère sarde pour compléter mes obligations, et dans des intentions qui sont hors la portée du citoyen Gastaud, mais que tous les bons esprits saisiront dans mes écrits d'alors, étoient connues du public; et, loin d'en être indisposé, il m'en sut bon gré: car le général ayant nommé, les jours suivans, une commission de cinq membres, composée d'individus français, pour juger les affaires civiles et criminelles, le conseil de la commune, dont le maire étoit le consul Lesure (2), lui demanda unanimement de m'y

---

(1) Seul, j'appaisai les troubles des prisons criminelles, et je tins dans le devoir les hommes destinés à leur garde; pas un détenu n'échappa; ma présence et mes discours arrêtèrent et suspendirent le pillage des chariots abandonnés devant la maison du gouvernement; et si des étrangers malveillans n'avoient pas égaré, par leur exemple, quelques êtres nécessiteux ou rapaces, le peuple, quoique livré à lui même, n'auroit commis le moindre mal dans une nuit si difficile. J'eus le plaisir de me convaincre, en ce moment critique, de la bienveillance des Niçois par des propos flatteurs ; ils m'en donnèrent ensuite une nouvelle preuve, lorsque l'assentiment général me chargea par acclamation d'informer contre un individu que je venois de sauver. Je ne rapporte ces faits que pour prouver que le citoyen Gastaud est un imposteur déhonté et sans vergogne, dans tout ce qu'il a supposé.

(2) Les services rendus à la nation par un si brave homme auroient mérité que nos décemvirs et leurs agens à Nice ne l'eussent pas laissé mourir dans la misère, après l'avoir forcé de vendre, pour vivre, une partie de sa superbe bibliothèque. La reconnoissance me fait un devoir d'honorer ici sa mémoire; car, étant tout-puissant lors de l'entrée des Français, il se conduisit envers

comprendre, ce qu'il fit après les éclaircissemens convenables (1); et le club formé par les commissaires de Grasse m'élut son premier président sans que j'acceptasse, prétextant mes occupations au tribunal, et l'embarras du langage de telles associations (2).

Le citoyen Gastaud qui s'y étoit versé (3) pour en tirer bon parti, en devint un des meneurs, par des clabaudages, des déclamations et des invectives extrêmement risibles par la difficulté qu'il a d'articuler les paroles ; ce qui lui procura d'être un des secrétaires de la Convention nationale des colons-marseillais-niçois (4). Sa besogne fut bientôt faite ; car l'assemblée modela sa marche sur celle des Allobroges dont elle avoit reçu les procès-verbaux. Il paroît qu'il l'a déja oubliée : car il nie, aux *pages* 19 et 20 de son libelle, que je fusse chargé de l'exécution du décret de déchéance du roi de Sardaigne : ce qui m'astreint à l'en convaincre par la pièce ci-après cotée n°. VI.

Le risque de m'exposer au reproche de parler de moi après m'avoir forcé de le faire, ne m'empêchera pas de mettre à la suite de la présente les quatre adresses (5) dont il est question

---

moi de la manière la plus honnête, la plus prévenante et la plus généreuse, malgré quelques démêlés que nous avions eus ensemble à raison de nos fonctions respectives.

(1) Le directeur Barras, alors président de l'administration provisoire, en me l'annonçant, me fit compliment sur la confiance que mes citoyens me conservoient, malgré mes fonctions primitives.

(2) Le vrai motif fut que le citoyen Jean Raynaud m'avoit instruit que, dans un comité secret, dont le citoyen Gastaud étoit membre, on avoit proposé de rançonner les négocians : cela fit du bruit ; et Grasse rappela ses commissaires.

(3) Il a voyagé en Angleterre. Son associé, Giraudi, avec lequel il me lie d'amitié, parce qu'il étoit intéressé avec moi et autres dans la ferme de la Chasse, y a séjourné long temps, ainsi que Paulian, appelé l'*Anglais*, neveu à son épouse. C'est sans raison qu'il prétend, *pag*. 48 de son libelle, que j'ai compris ce dernier dans le nombre des pillards : il n'en est pas même question dans mon mémoire. D'ailleurs je n'ai rien appris contre sa probité, et ses parens jouissent de la meilleure réputation.

(4) On sent que j'étois trop occupé au tribunal, où je fus conservé par elle, pour avoir pu en être : ce qui m'auroit été facile ; car la municipalité m'avoit nommé commissaire d'une des sections qui en élirent les membres.

(5) Voyez ci-après les pièces cotées, numéros VII, VIII, IX et X.

dans mon mémoire et dans le libelle du citoyen Gastaud. La date d'icelles (1) et leur contenu suffiront à convaincre l'univers entier qu'il en a menti sur tous les points même les plus indifférens, et que, pour venir à la Convention nationale, je n'eus pas besoin de me donner ma voix; car le public m'y portoit déja avant la réunion des électeurs : et je fus nommé le premier, à la presque unanimité des suffrages.

Je conviens qu'après ma nomination, je donnai à dîner aux citoyens Loviqui, d'Entraunes ; Pagany père, de Saint-Martin ; et Génesy, de Château-Neuf, électeurs, habitans des montagnes, chez lesquels j'avois logé dans mes tournées (2). Les mêmes m'ayant consulté, au nom même de plusieurs autres, sur les choix ultérieurs, je leur fis sentir que, quoique dans une révolution on ne dût pas y regarder de si près, il auroit été inconvenant de se fixer sur le citoyen Gastaud, qui se mettoit sur les rangs malgré sa faillite, et bien d'autres menées que j'avois indiquées dans mes adresses ; et qu'il falloit plutôt jeter les yeux sur l'electeur Massa (de Menton), dont les connoissances et les bons principes étoient attestés par son excellent ouvrage de l'*Abus de procès*, et sur le citoyen Blanquy (3), qui étoit déja à Paris en qualité de député extraordi-

---

(1) On observera qu'elles sont toutes postérieures au décret de réunion ; car ce ne fut qu'alors que je brûlai mes vaisseaux, quoique j'eusse déja fait exécuter la déchéance que dessus, et applaudi par écrit au jugement de Capet. Ce n'est pas sans dessein que le citoyen Gastaud a aussi déplacé ma première adresse. En me la faisant faire la dernière, il a voulu insinuer par là que j'avois ménagé le roi de Sardaigne jusqu'au bout. La lettre, cotée n°. XI, qui s'y réfere, ajouteroit à son imposture, si cela étoit possible.

(2) Je somme le citoyen Gastaud d'en désigner aucun autre. Il n'a pas été si délicat, lors de son élection ; car presque tous ont été logés et nourris par lui ou par ses affidés et complices, dont plusieurs avoient même été les accaparer dans leurs communes respectives. On ne peut se former une idée de la dépense que le citoyen Gastaud a faire depuis la révolution. Indépendamment de l'achat des vingt-deux immeubles désignés dans la pièce cotée n°. XV, on peut la porter, par apperçu, à 100,000 francs en numéraire : ce qu'il en dit dans son libelle, *pag*. 59 et 60, fait assez connoître que la somme n'est pas exagérée.

(3) Ce n'est pas pour m'avoir induit à signer la déclaration, comme le citoyen Gastaud avance, *pag*. 39 de son libelle, que je me brouillai ensuite avec le citoyen Blanquy ; car mes adresses antérieures et ma conduite postérieure prouvent qu'elle étoit dans mon cœur, et je la signai le premier, mais bien

naire, et au courant des affaires : ce qui eut lieu sans que je le commandasse, comme le citoyen Gastaud a fait lors de son élection, en menaçant de son courroux ceux qui n'auroient pas nommé les administrateurs qu'il desiroit, au nombre desquels Scuderi étoit en première ligne, quoique déja destitué pour friponneries (1).

Accoutumé à ne jamais masquer mes procédés, il fut aisé au citoyen Gastaud de s'appercevoir que j'avois contribué à l'écarter (2), et il ne tarda pas à s'en venger (3).

Les commissaires Grégoire et Jagot, qui avoient organisé le département, devoient revenir à Paris ; Massa et moi nous aurions desiré de nous accompagner avec eux ; j'étois en peine de trouver une voiture ; et l'administration centrale, dont le citoyen Gastaud étoit membre, en avoit sous sa surveillance plus de deux cents, appartenantes aux émigrés, qui se dégradoient dans les rues, sur les places publiques, et dans des enclos. Je lui présentai une pétition pour l'inviter à m'en faire

---

pour m'avoir entraîné à faire des démarches qui pouvoient compromettre le département. Il est vrai que je n'ai pas approuvé la part même active qu'il a prise dans la réaction ; et si le citoyen Gastaud ne m'avoit supposé que c'étoit lui qui le dénonçoit pour le supplanter, j'aurois différemment répondu à la lettre du ministre de l'intérieur, citée *pag.* 3 de mon mémoire. Quand je fis cette réponse, je croyois que l'épouse au citoyen Gastaud avoir hérité de son frère ; et j'ai reconnu que c'étoient ses nièces, et qu'elle n'avoit eu qu'un legs de 3,000 francs. Je croyois, en outre, que les biens par lui acquis étoient de beaucoup moins conséquens ; enfin, j'ignorois bien des choses que j'ai appris dans la suite.

(1) Lors de la première destitution, s'étant avisé de m'écrire que j'aurois dû me rappeler qu'il avoit concouru à ma réelection, je lui répondis qu'une telle circonstance ne l'avoit point autorisé à forfaire, et que je me devois à la masse et non aux individus.

(2) Il l'avoue lui-même dans son libelle, *pag.* 33.

(3) Il voulut s'en venger encore lorsque j'étois détenu, en proposant au club de demander mon jugement à la Convention nationale, en permettant qu'on dégradât mes propriétés, en faisant mettre en délibération si ma sœur seroit arrêtée, parce que, dans les lettres que je lui écrivois de la prison de la Force, et qu'il avoit soin de faire intercepter, je me qualifiois de signataire de la déclaration relative aux journées du 31 mai, premier et 2 juin : ce qui, selon lui, étoit insulter au peuple qui les avoit sanctionnées. Tout cela ne m'a pourtant pas empêché de le sauver des mains des réacteurs, de le faire nommer commissaire, et de devenir dupe de ses artifices, pour justifier les épithètes qu'il me prodigue, d'*homme vindicatif* et *sanguinaire*, envers le gibier sans doute.

remettre une, préalable estimation, me chargeant de la faire réparer, ramener par le citoyen Veillon, autre député extraordinaire, qui devoit retourner à Nice, et d'en payer la détérioration : un arrêté, motivé sur des considérans mendiés et frivoles, me la refusa ; je m'en plaignis par lettre, et il concerta la réponse qu'il a insérée à la *page* 116 de son libelle, en y supprimant les signatures. Le contenu d'icelle confirme ce que j'avance. Je demandai alors copie de tout, pour faire ici les démarches convenables (1) ; et ayant reconnu qu'il vouloit par là différer mon départ à cause des circonstances, dont le commissaire Jagot le tenoit au courant, je me donnai tous les mouvemens pour en trouver une ailleurs.

Je sus que Barthélemy Gilli avoit une berline, je fus le trouver ; il étoit parti pour aller réclamer les charrettes que les Piémontais lui retenoient, après s'en être servis dans leur fuite ; son frère Gaetan ou Caetan me la remit, moyennant un obligation de trente-cinq pièces de 24 livres tournois : je la fis aussitôt raccommoder par le charron qui demeuroit à l'angle nord-ouest du jardin Debrès ; ce qui me coûta une centaine de francs en écus : et je partis en poste, ayant pour guide Augustin Barbier, qui devoit me reconduire avec le citoyen Veillon. A mon arrivée, je trouvai que celui-ci avoit pris la route de Suisse ; et tandis que Barbier attendoit un retour, les barrières furent fermées par suite du 2 juin. Peu de jours après, le citoyen Sabonadière fut envoyé par le comité de salut public dans les départemens méridionaux, et il se chargea de ramener le guide et la berline. Pendant mon emprisonnement, on m'avertit que j'avois à la poste une lettre chargée ; l'ayant retirée après ma mise en liberté, je vis que Barbier m'y informoit que Sabonadière avoit été arrêté à Nîmes, et reconduit à Paris avec icelle. Je pris des renseignemens auprès de ce dernier, et je sus que la même avoit été vendue en papier-monnoie, lorsqu'il étoit détenu, et que je devois m'adresser à la nation. Je n'ai plus rien fait à cet égard, parce que j'ai

---

(1) Les suites du 31 mai m'ont empêché de les faire. J'ai les pièces dans mes papiers, à Nice. Un jour, si ses sicaires m'en laissent le loisir, en traçant, paisible dans mes foyers, ce que j'ai vu par moi-même dans la révolution, et les momens d'humeur que sa marche atroce, irrégulière et bizarre m'a causés, je les ferai connoître au public, et je déchirerai en même temps tout-à-fait le voile qui couvre encore en partie le tas d'iniquités qu'à présent je ne fais qu'effleurer.

appris

appris que Barthélemy Gilli avoit été porté sur la liste des émigrés, quoiqu'il fût notoire qu'il n'avoit été en Piémont que pour y réclamer son bien, et qu'on l'y avoit retenu pour y faire le service des transports et convois militaires.

Voilà des faits qui sont notoirement connus, et trop constans et concluans pour ne pas détruire les bavardages du citoyen Gastaud, qui, au reste, n'a voulu qu'embrouiller et colorer l'affaire du carrosse de son voyage, à l'égard duquel le citoyen Ferogio lui donne aussi des démentis formels (1).

On lit, à la *page* 12 de mon mémoire, que le résidu du patrimoine de ma famille consistoit (avant la révolution, comme je l'exprime à la même page dans l'article qui précède) en biens-fonds de la valeur d'environ 100,000 liv. (2), sur lesquels je devois, et je dois encore à-peu-près un cinquième en dots et pensions.

Il est connu qu'à cette époque le concours des étrangers que le climat et le port franc y amenoient, la quantité de numéraire qu'ils y faisoient circuler, le territoire rétréci et morcelé, et la circonstance de n'y payer aucun impôt foncier y doubloient le prix des propriétés, et par conséquent elles ne produisoient en général pas même le 2 pour 100; car il falloit payer vingt, ce qui, d'après l'estimation, ne valoit que dix, et en réalité ne rendoit que pour dix.

On sent que les suites de la révolution l'ont diminué de la moitié, au moins : cela nonobstant, lorsqu'à la fin de l'an 4 j'y fus en congé (3), je portai, pour la formation de la matrice provisoire, mon revenu net à 1,500 et quelques livres; car on n'ignore pas les avaries qu'entraîne le séjour d'une armée man-

---

(1) Voyez les pièces ci-après cotées n°. XII et XIII.

(2) Mes concitoyens savent que je ne les aurois pas vendus pour cette somme.

(3) Ce fut pour y remettre ma santé, et non pour m'y occuper des affaires : pas moins j'eus quelque connoissance du monopole criminel que certains fonctionnaires publics avoient fait sur les biens nationaux, et des abus qui, au préjudice de la nation, et en sens contraire de la révolution, en avoient été la suite; mais toujours à la chasse, ou obsédé par le citoyen Gastaud et consorts, je ne peux pas l'approfondir : au reste, s'ils en étoient restés là, peut-être je me serois tû, mû par des considérations politiques.

Dabray.

quant le plus souvent de tout, et les frais de manutention qu'il faut faire dans l'état actuel des choses.

Les administrations locales, composées presque en totalité d'acquéreurs de biens nationaux, pour pouvoir réclamer et obtenir en masse une diminution dans la contribution foncière, qui est vraiment excessive et même accablante pour les communes qui ne récoltent de l'huile (1), comme il conste par les pièces jointes à mon mémoire, et cotées nos 18 et 26, ont pris des dispositions et des arrangemens, au moyen d'experts et d'un jury, d'après lesquels, dans la matrice définitive, mon revenu net est réduit à 1,127 fr. 3 s. 6 den.; et ma taxe, au rôle de l'an 7, est fixée en totalité, et tout compris, à 378 fr. 37 cent. (2), somme dont j'ai complété le paiement avec un bon de 40 francs pour du bled qu'on m'avoit fait fournir pour la subsistance des militaires. Le citoyen Gastaud, qui connoît tout cela, confondant, avec art et avec sa mauvaise foi ordinaire, le temps passé et le présent, et celui-ci avec celui-là, prétend, aux *pag.* 27 et 28 de son libelle, que j'ai grossi mon patrimoine par vanité, et atténué son produit par avarice et pour surcharger mes concitoyens (3).

D'après les observations que dessus, je me contenterai, pour démontrer son infamie, d'exhiber les pièces ci-après, cotées nos 15 et 16. La première prouvera qu'en l'an 5, et lorsqu'il étoit commissaire, il a porté à 2,207 liv. le revenu net de vingt-deux propriétés, acquises depuis la révolution dans les plus beaux et les meilleurs quartiers, dont une seule égale en capacité et en produit à peu près toutes les miennes (4); et la dernière cons-

---

(1) L'extrême détresse à laquelle sept années de guerre ont réduit plusieurs de ces misérables communes, dont les habitans hivernoient dans la basse Provence, en y demandant l'aumône, me fait un devoir rigoureux d'implorer pour elles la bienfaisance nationale, car je sais qu'elles sont dans un état déplorable.

(2) Voyez la pièce ci-après, cotée n°. XIV.

(3) Il prétend en outre, *pag.* 30 de son libelle, que je n'ai pas été assez imposé dans un emprunt de 500,000 livres, qu'il dit avoir eu lieu en 1793. Je l'ignore; j'ai peine à croire qu'à cette époque il m'ait épargné, tout aussi bien que sa fortune révolutionnaire lui ait alors permis d'y concourir pour 1,500 livres. Si cela étoit, la nation en auroit fait les frais. Quant à moi, je sais qu'avant de partir pour Paris, je donnai une forte somme pour la formation du bataillon des Alpes-Maritimes, et un sabre de prix au citoyen Auzello, un de ses capitaines.

(4) La dernière fois que j'ai été en congé, la voix publique m'a appris qu'il a

tatera que, quoiqu'en l'an 7 et pour vingt-un d'icelles seulement (1), on ait porté son revenu net à 3,636 livres 10 s., et qu'il ait été taxé en totalité, et tout compris, à 1,187 francs 10 cent., la différence entre lui et moi est encore énorme.

Ceux auxquels l'indignation permettra (2) d'examiner avec attention ces deux pièces, dont la première est authentique, et de réfléchir de sang froid sur le contenu en icelles, ne seront plus surpris que les petits propriétaires de mon malheureux (3) département, et sur-tout ceux des montagnes, abandonnent des terres qui, loin de les nourrir, les écrasent d'impôts, et se livrent à un brigandage affreux et déchirant.

Et comme le citoyen Gastaud assure, *pag.* 27 de son libelle, que lesdites vingt-deux propriétés, qui valoient dans l'ancien régime 500,000 livres au moins, ne valent plus que 70,000 liv., et qu'il offre de les donner pour 80,000 liv., j'accepte sa proposition, et je m'oblige, si la nation le lui laisse, ce que j'ai bien de la peine à croire (4), de m'en charger au même prix pour les revendre, et en faire distribuer le profit aux pauvres.

Dans ma lettre du 30 ventose dernier, insérée aux *pages* 30 et 31

---

eu, il y a deux ans, dans plusieurs de ses propriétés, pour 30,000 francs d'huile; je crois pourtant que la chose est exagérée d'un quart au moins, d'un tiers au plus.

(1) J'ignore ce qu'il a fait de l'autre.

(2) En effet, l'indignation ne peut qu'être à son comble, lorsque, dans les plus beaux quartiers du terroir de Nice, on pousse l'impudeur jusqu'à ne porter le revenu net des biens-fonds productifs de grains, vin et huile, qu'à six, et même à trois livres la seterée, et par conséquent à un sixième et à un douzième de leurs produits ordinaires.

(3) Quelques administrateurs injustes, fripons et rusés, surveillés par un digne acolyte qui étoit d'accord avec eux, l'ont rendu tel en grande partie; sans la nomination de Massa à la place de commissaire central, il étoit perdu sans ressource.

(4) Dans la lettre que, le 25 ventose dernier, j'écrivis au Directoire exécutif, et qu'on trouve aux *pages* 20 et 21 de mon mémoire, j'ai déja dit que j'étois bien loin de blâmer ceux qui, dans la révolution, ont amélioré leur patrimoine par des voies légitimes; mais je ne puis appliquer l'article 324 de l'acte constitutionnel aux malversations et prévarications énoncées en icelle, qui, indépendamment du discrédit des valeurs fictives, ont fait perdre à la nation plus de la moitié du prix réel de biens nationaux immenses. Ce n'est pas que tous les acquéreurs en aient profité; car nombre d'entre eux ont été rançonnés pour en avoir.

de mon mémoire, j'avois porté à plus de cinq cents les vrais émigrés rayés provisoirement par les administrateurs destitués, et renvoyés devant les tribunaux.

Oberty, un d'eux, prétendit dans celle qu'on lit, aux *pages* 33, 34, 35 et 36 (1), que parmi peut-être trois mille prévenus d'émigration que comptoit le département, à peine cent soixante avoient obtenu des arrêtés provisoires basés sur des certificats légaux à l'appui des réclamations (2).

Pour démentir une telle assertion, je produisis, à la *page* 11 de mondit mémoire, l'état des radiations provisoires, dressé sur les registres de l'administration centrale, qui, indépendamment de non inscrits pour l'admission desquels ils ont adopté l'expédient de déclarer n'y avoir pas lieu à délibérer sans en tenir note, ni en soumettre l'approbation au Directoire exécutif, en porte le nombre à quatre cent trente-un, presque tous nobles, prêtres, riches, ayant servi contre la patrie, et en conséquence maintenus ou à maintenir définitivement sur la liste, et j'observais que cet état, à un très-petit nombre près, les comprenoit tous ; car les autres étoient rentrés, ou comme déserteurs (3), ou comme laboureurs et ouvriers, ou par des arrêtés des représentans en mission.

Il n'y a qu'à voir ledit état à la *page* 39 du mémoire sus indiqué, pour s'assurer qu'il est formé par an, mois et jour ; que les enfans même en bas âge y sont désignés ; remarquer dans sa récapitulation qu'il y en a eu une en l'an 2, cent dix-huit en

---

(1) Je n'ai pu produire sa réponse à ma lettre du 29 germinal ; car j'ai dit à la *page* 10 de mon mémoire, que je l'avois brûlée sans la lire, et il peut se faire que la copie du rapport de Ferrogio, insérée à la *page* 22 dudit mémoire, ne soit pas exacte ; car elle n'est signée de personne, et m'a été transmise sous simple enveloppe, et sans lettre : au reste, le billet de Payany qu'il y énonce, on le trouvera ci-après coté n°. XVII. Voyez le libelle du citoyen Gistaud, aux *pages* 14 et 71.

(2) On sait comme on les obtenoit à cette époque.

(3) Lors de mon dernier congé, je fus informé que, dans le canton de Monaco on leur inspiroit des craintes : j'en prévis le but et les suites, et j'écrivis au commissaire près cette administration de les faire cesser, si ces individus n'avoient d'ailleurs d'autres griefs ; il entra dans mes vues, et il me répondit d'une manière satisfaisante. On verra ci-après qu'on a employé un autre moyen pour y parvenir.

l'an 3, soixante en l'an 4, et deux cent cinquante-deux en l'an 5, époque à laquelle tous les destitués étoient administrateurs, quoique quelques-uns d'entre eux ne le fussent dans les précédentes, y ayant été nommés progressivement, et se convaincre de l'étonnante effronterie du citoyen Gastaud. et de son faiseur (1), qui, à la *page* 12 de son libelle, s'exprime en ces termes :

« Que fait le citoyen Dabray pour justifier son infidèle assertion ? il emprunte le tableau des radiations prononcées sous le régime de la réaction ; il y ajoute celles qui ont été prononcées sous les administrateurs qui ont précédé les destitués ; et quelque chose qu'il fasse pour en grossir le nombre, en les réunissant, à peine arrive-t-il à le faire monter jusqu'à 431 dans quatre ans. »

« Qu'on fasse maintenant de ce tableau général la déduction de ceux dont les radiations sont antérieures à leur installation ; qu'on en déduise les enfans de tout âge qu'on n'a pas voulu distinguer, et l'on verra si le citoyen Oberty n'a point eu raison d'en fixer le nombre à 160 seulement. »

Ce n'est pas tout : après avoir avancé, le citoyen Gastaud, que dans le nombre il y en a qui ne sont pas émigrés, puisque moi-même j'ai réclamé leur radiation définitive (2), il

---

(1) Il en a toujours eu ; ce sont eux qui lui faisoient les lettres qu'on trouve à la suite de son libelle, par lesquelles, sous le masque d'un patriotisme louable, il trompoit la députation en lui transmettant même copie de celles qu'il écrivoit aux ministres. Celle du 25 ventose an 6, insérée à la *p.* 133 de son libelle, que la municipalité de Nice écrivit pour lui à moi et à Massa, fut rédigée par le citoyen J. B Guide, qui la fit signer à ses collègues, parce qu'il avoit eu l'adresse de lui faire croire, ainsi qu'à nous, que c'étoient les réacteurs qui le dénonçoient pour le culbuter avec les autorités locales, et s'emparer des places, afin de les proscrire nouveau. Le système qu'il a constamment suivi dans ses fonctions a été d'écrire blanc pour faire noir ; mais il est enfin connu même des patriotes qui en étoient dupes, et accablé sous le poids de ses turpitudes, il n'a plus pour partisans que les fripons ses complices, et quelques individus dont l'incivisme égale l'égoïsme, et par conséquent trop méprisables pour que je m'occupe d'eux.

(2) Voyez à la *p.* 13 de son libelle ; il veut y désigner Lipraudi père, rentré avant l'expiration du délai fatal ; mais il est inconcevable que, lorsque je l'avois prévenu, que, consulté par le ministre de la police générale, j'avois donné un avis contraire à la radiation de son fils, lui commissaire ait osé permettre, et avouer encore qu'il fut un des premiers réacteurs du département, et qu'en l'an 5

ajoute que, quant à bien d'autres, la faute est aussi imputable à ma sœur (1) qui les sollicitoit, et au silence de la députation.

Ma sœur, presque sexagénaire, m'est trop attachée pour avoir voulu m'exposer aux coups des vrais émigrés, dont l'état ci-dessus en contient le plus grand nombre. Il peut bien se faire qu'elle se soit intéressée pour ceux inscrits par erreur (2) ou dans des exceptions formelles, et dans cela elle n'a fait que m'imiter

---

il montra son poignard à l'assemblée électorale pour intimider les électeurs : ce n'étoit certes pas pour moi ; car il agissoit en sens inverse : au reste, la déclaration qu'on lit aux *pages* 154 et 155 de son libelle, faite par celui qui en a épousé la sœur, émigrée elle-même, nous explique tout cela et bien d'autres choses.

(1) A la *p*. 33 de son libelle, il lui fait aussi solliciter ma réelection ; or mes concitoyens savent qu'elle auroit donné dix livres de son sang pour que je n'eusse pas accepté : d'ailleurs comment presser les électeurs de la commune de Nice, qui, en l'an 6, étant au nombre de vingt-huit, s'étoient presque tous prononcés pour Malbequi, élève de Portalis, et étoient intéressés à le porter ? si sur cent neuf électeurs, dont neuf absens, j'eus soixante-huit suffrages, ce furent les habitans des montagnes qui me les donnèrent en très grande majorité ; la joie que les républicains en témoignèrent, et les observations de Massa qui y avoient contribué, mû par les circonstances du moment, me déterminèrent seules à prolonger mes peines et les souffrances que le climat m'a causées.

(2) On ne peut se former une idée de la facilité avec laquelle ils ont fait les inscriptions. Nombre d'individus qui n'ont jamais habité le département, ou qui n'y ont eu qu'un domicile forcé, y ont été portés, tels que le piémontois Salmatoris, parce qu'il y possédoit un fief et des biens-fonds, et le sarde Azuny, parce qu'il y avoit été membre du magistrat de commerce, qui jugeoit en dernier ressort. Bien d'autres s'y trouvent inscrits sans le savoir, ni y avoir donné lieu, tels que le charpentier Trotté, dit Chambéry, qui travailloit pour la République lorsqu'il y a été porté, et l'ex-chanoine Bermondi, qui y a été inscrit tandis qu'il étoit du comité de surveillance de Contes. Je suis loin de contester le patriotisme des habitans de cette commune, une de celles qui se soient le mieux montrées dans la révolution ; mais il seroit à desirer qu'ils ne se laissassent pas mener par deux célèbres intrigans, les frères Scudery, dont un moine et l'autre prêtre. Il est faux que ceux-ci soient républicains ; car, indépendamment des autres griefs, le premier, lors de la réaction, devint curé dans la rivière de Gênes, et l'autre reprit l'exercice du culte pour se soustraire à la liste des prétendus terroristes, et il y réussit ; car, quoique compris dans celle de la municipalité, on ne le trouve plus à la suite de l'arrêté du représentant en mission : au reste, je ne veux pas confondre avec ces deux caméléons politiques, qui n'ont donné, avec tant d'autres, dans la révolution, que pour la déshonorer, les deux frères séculiers qu'ils ont, et tous leurs parens qui jouissent d'une bonne réputation, même en fait de civisme ; et ils la méritent : je me ferai toujours un devoir de distinguer les innocens des coupables.

et entrer dans mes vues ; car dans la réponse que, le 29 frimaire an 6, je fis au ministre de la police générale, j'y affirmai que dans les inscrits du département des Alpes-Maritimes réunis en totalité, dans un temps où l'ennemi en occupoit encore deux tiers, et en grande partie pris et repris tour à tour pendant trois ans, il y en avoit une quantité que les lois existantes ne regardoient pas émigrés, tels que ceux sortis avant le 28 septembre 1792, et bien d'autres.

J'en énonçois presqu'autant dans la lettre cotée ci-après, n°. XVIII, que, le 12 prairial an 6, j'écrivois au même ministre, et que le citoyen Gastaud signa, en dressant lui-même la liste y désignée, comme plus au courant des choses, ne faisant qu'arriver de là bas; et dans celle cotée ci-après, n°. XIX, que, le 5 vendémiaire an 7, j'écrivois de Nice à lui citoyen Gastaud, pour l'engager de faire à cet égard des démarches ultérieures.

Si pourtant, malgré les pièces jointes à mon mémoire, il étoit encore nécessaire de justifier que je n'ai jamais ménagé les vrais émigrés, je pourrois citer et produire la lettre cotée ci-après, n°. XX, que, le 15 brumaire dernier, j'écrivois au Directoire exécutif, et les précédentes, cotées ci-après n°$^{s.}$ XXI, XXII et XXIII.

Dans le cahos et l'embarras des inscriptions infinies, fondées et déplacées, qu'ils ont faites en 1793 et postérieurement, je leur ai toujours dit et écrit, de concert avec l'autorité exécutive : faites tout pour l'innocence, rien en faveur du crime ; épargnez les hommes utiles et malheureux ; roidissez-vous contre les hommes dangereux et coupables, et soyez inexorables envers eux ; en un mot, dirigés par la plus exacte et impartiale justice, conciliez l'exécution des lois avec l'intérêt du pays et de la République. Mais ils étoient trop cupides et livrés à des mal-intentionnés, pour ne pas suivre une marche contraire qui devoit enfin les perdre (1).

---

(1) Ici je ne dois pas taire que, pour ces motifs, et dans cet esprit et dans ces vues, lors de mon dernier congé, je travaillois avec Messa à former une liste de ceux qui devoient être maintenus ou rayés, et qu'elle fut transmise au Directoire exécutif, qui la désiroit ; mais il s'en faut bien qu'elle ait été suivie : et si je dois en croire le citoyen Gastaud, à la *page* 17 de son libelle, il n'est pas étranger aux piéges qu'on a tendus à l'autorité exécutive, et aux injustices criantes qu'on lui a fait commettre en lui faisant même maintenir définitivement des déserteurs

Le louche qu'ils s'efforcent de répandre sur mon ex-collègue Massa, commissaire actuel près l'administration centrale, relativement au feu Lascaris, inscrit mal-à-propos sur la liste des émigrés, m'oblige d'en parler pour démontrer que sa conduite a été régulière et louable ; et la leur, criminelle et infame (1).

---

des troupes sardes, qui s'étoient uniformés aux arrêtés du comité de salut public, et des représentans en mission qui les avoient dans le temps rappelés, et cela pour inspirer des alarmes à plusieurs milliers d'individus, et les porter à grossir les barbets et l'armée ennemie, mécontenter le pays, l'indisposer envers les fonctionnaires républicains, et étayer ainsi les dénonciations que les acteurs et réacteurs ne cessent de mettre en avant, même contre les agens que l'autorité supérieure y a envoyés, afin de s'assurer de l'état des choses, et obtenir des destitutions, des démissions et des remplacemens, dont les suites seroient si nuisibles, que depuis quatre mois je m'efforce de les empêcher, contre vent et marée. Je n'ai point provoqué l'état de siège que je fis cesser en l'an 4 ; mais je pense qu'on a bien fait de l'y rétablir : car je suis convaincu que la cupidité et l'ignorance, livrées à la perfidie, y avoient dès long-temps préparé un explosion qui auroit été funeste à l'armée d'Italie ; et par conséquent je suis bien décidé de solliciter toutes les mesures de rigueur que les circonstances peuvent exiger pour en finir enfin, et n'être plus paralysé par la honte pénible de représenter un département qui, depuis sept ans, est le tombeau des Français, et cela par la faute sur-tout de quelques fripons qui ont voulu y faire fortune aux dépens de la justice, du pays et de la République.

(1) Le citoyen Gastaud, à la *page* 44 de son libelle, s'efforce aussi d'en répandre relativement à la radiation d'Abraham-Moïse.

Voici le fait tel qu'il est :

Vers la fin de l'an 6, Massa m'écrivit que le juif David-Moïse, riche négociant de la commune de Nice, avoit été le trouver pour lui dire qu'il avoit chargé depuis long-temps le citoyen Saint-Pierre, banquier à Paris, de solliciter la radiation de son fils Abraham, et qu'il lui avoit même à cet effet ouvert un crédit d'une somme conséquente pour les frais à faire ; mais qu'il n'en avoit rien fait : ce qui le déterminoit à envoyer à Paris un quelqu'un qui s'occupât de cette affaire, à laquelle il prioit la députation de s'intéresser pour le bien du pays, auquel cette famille est très-utile, soit par son commerce en bleds et huiles, que par sa belle filature en soie. Je lui répondis que la circonstance *du crédit ouvert* ne me permettoit de rien faire à cet égard. J'ai dû nécessairement montrer cette lettre, et ma réponse au citoyen Gastaud, et je le somme de les produire ; car il a entre ses mains ma correspondance antérieure à mon dernier congé. Il peut se faire que d'autres individus se soient trouvés présens, quand je lui participois le tout ; leur probité n'est pourtant pas irrévocable, comme il assure, dès qu'ils sont encore en relation avec lui. Malgré tout cela, lorsque j'ai su qu'il avoit fait maintenir définitivement ledit Abraham, pour se venger de ce que, à l'occasion de sa faillite, il lui eût fait saisir par droit de suite une partie d'huile qu'il lui avoit livrée à

Massa,

Massa, célibataire, qui étoit déja à son aise, et l'est devenu davantage par l'achat de biens nationaux que ses épargnes, et les remboursemens de capitaux l'ont mis à même de faire, n'a jamais dissimulé à personne l'intérêt qu'il prenoit pour la radiation du parain de son frère; l'amitié et la justice lui en faisoient un devoir; après avoir chargé un homme de loi (1) de s'occuper de cette affaire; il a apostillé plusieurs pétitions au Directoire exécutif, au ministre de la police générale, et il me les a fait signer, comme instruit des détails qu'elles contenoient; mais il est faux que j'aie écrit en particulier. Voyez le libelle du citoyen Gastaud à la *page* 24.

Dans ma lettre au *Publiciste* du 30 ventose dernier, rapportée aux *pag.* 30 et 31 de mon mémoire (2), et responsive à celle du citoyen Gastaud du 26 du même mois, j'ai déja dit que Lascaris, homme septuagénaire, très-riche, sans enfans, et presque perclus de son corps, se fit transporter en Piémont avant l'entrée des Français pour y être soigné par ses proches; qu'il fut sommé ensuite, avec bien d'autres, par les colons Marseillais-Niçais, de retourner dans deux mois, si des causes légitimes ne le lui empêchoient; que l'extrême rigueur de la saison lui fit réclamer, et obtenir un bref délai (3), au bout duquel il se rendit à Nice, et fut envoyé pour quelque temps à Montpellier conformément à la loi qui obligeoit les ci-devant de rentrer dans l'intérieur (4);

---

crédit; et pour favoriser la société de commerce, Gastaud, père et fils, dans laquelle il est intéressé, depuis que le dernier, quoiqu'émigré, a épousé la nièce à sa femme; et j'ai reconnu que des pièces essentielles, telles qu'un passeport expédié, et autres, n'avoient pas été énoncées dans l'arrêté de maintien; j'ai cru de mon devoir d'apostiller des pétitions pour y exprimer que je croyois cette cause susceptible d'un nouvel examen; car aucune considération quelconque ne m'empêchera jamais d'être juste.

(1) Je crois qu'on l'appelle Febvé; il doit être maintenant juge.

(2) Il n'est pas vrai que le *Publiciste* ait refusé de l'insérer dans son journal, car elle s'y trouve analysée; et malgré l'assertion contraire du citoyen Gastaud, je persiste à dire que la note qui a donné lieu à sa lettre du 26 ventose m'est tout-à-fait étrangère; je le défie de m'en démentir. Voyez son libelle aux *pag.* 12 et 74.

(3) Il fut de trente jours, le terme fatal devoit expirer le 24 mars, époque la plus pénible et la plus difficile pour passer le col de Tende, ou revenir par Gênes.

(4) L'autorité qui l'y envoya le recommanda même à la bienveillance des autorités locales comme un bon citoyen.

Dabray. D

qu'il étoit malade et au lit, lorsque, par suite de celle du 19 fructidor, il fut forcé à partir, et mourut peu de jours après sur le territoire de Gênes dans une campagne de son filleul Massa. Je dis maintenant que l'arrêté (1) rédigé par *Oberty*, qui n'étoit pas chargé de cette partie, pour le maintenir sur la liste, si ses héritiers ne donnoient à lui et à deux autres administrateurs 24,000 fr., outre la corbeille d'argenterie qu'ils ont reçue, et le rapport (2) dressé par Scudery, ou, pour mieux dire, par Roassal, commissaire, pour refuser la radiation, sont iniques, comme on peut s'en assurer par la seule lecture.

Et quand est-ce qu'ils se conduisoient ainsi?

Lorsque sur des pièces obreptices et subreptices, et mentant à leur conscience, ils accordoient la radiation à plusieurs centaines de vrais émigrés, ayant porté les armes contre la patrie, et conspiré contre elle.

Lorsqu'ils rayoient même, ô infamie ! Alexandre Durand de la Penne (3), et Césarine Micissi, son épouse, auxquels depuis l'émigration Louis XVIII a tenu un enfant au baptême, et le frère au premier Jean Durand, dit Saint-Rapheau, qui a servi dans l'armée de Condé, et qui, en fructidor an 5, étoit à Marseille un des agens de la contre-révolution. Voyez l'état des radiations annexé à mon mémoire, et les quatre dernières lignes de la *page 49*.

Lorsque pour appitoyer la députation sur leur sort, et conserver l'argent qu'ils avoient reçu, ils lui écrivoient le cinquième jour complémentaire de l'an 5 la lettre ci-après, et cotée XXV (4).

Un seul fait va les mettre à nu, et les rendre à jamais exé-

---

(1) C'est celui mentionné dans l'arrêté du Directoire exécutif; on peut le voir ci-après coté n°. XXIV.

(2) Il est trop long pour l'insérer à la suite; je m'en fis remettre un extrait, et je le garde pour preuve de leurs efforts à commettre une injustice, et à couvrir des turpitudes déja commises. Voyez les articles très-précieux des lettres du citoyen Roassal aux *pag.* 85 et 86 du libelle du citoyen Gastaud.

(3) Commune de la ci-devant Provence, et annexée au ci-devant comté de Nice par le traité d'échange du 24 mars 1760.

(4) La députation n'y eut aucun égard, parce qu'elle s'apperçut que les Ricci, les Foucard, et bien d'autres qui ont marqué dans la révolte d'Oneille et de Limon,

crables; dans le nombre de ceux qui avoient obtenu un délai pour rentrer, on comptoit l'ex-marquise Tondut, veuve Alli- Maccarani, fameuse intrigante, dont les fils et les neveux avoient servi contre la République; elle étoit retournée en Piémont, lorsque Lascaris fut envoyé à Montpellier. Eh bien! la radiation qu'ils ont accordée à celle-ci (1), ils l'ont refusée à Lascaris, vieillard respectable, indisposé, paisible, affable, charitable, chéri du peuple.

En sait-on le pourquoi ?

Je vais le dire. Les biens de la première étoient vendus, et il ne restoit qu'à toucher la rançon (2) : ceux de Lascaris étoient à vendre; ses héritiers étoient étrangers et absens; il falloit donc l'expulser avec une inhumanité barbare (3), lorsqu'ils laissoient dans le pays Gastaud neveu, et autres (4), le maintenir sur la liste, s'emparer de son riche avoir pour satisfaire une rapacité dévorante; et pour cacher tant de turpitudes, tenter de faire croire par des déclarations mendiées, que l'argent et les bijoux qu'il avoit avec lui lors du départ, étoient restés après sa mort dans la maison de son filleul Massa, quoiqu'on admette qu'un des

---

figuroient dans la procuration expédiée au citoyen Audibert, qu'ils envoyèrent à Paris.

(1) Voyez l'état des radiations annexé à mon mémoire, et la dernière ligne de la *pag.* 41.

(2) Lors de mon dernier congé, le général Garnier lui-même, en me disant du bien de Dony, du mal des autres, et sur-tout de Scudery, m'avoua que vers la fin de fructidor an 5, plus de trente personnes avoient été le trouver, et lui avoient dit, les larmes aux yeux : on a pris notre argent pour nous rayer, et maintenant on nous renvoie sans nous le rendre. Il est, au reste, de notoriété publique dans le pays que le plus grand nombre des radiations n'ont été que le résultat de la plus scandaleuse vénalité.

(3) Si je n'avois vu les pièces originales, je n'aurois pas pu y croire. A l'arrivée de la loi du 19 fructidor, on fit signifier à Lascaris de partir, et il étoit au lit, malade; ceux qui le soignoient exposèrent par écrit sa situation. Les administrateurs auroient pu répondre que cela ne les regardoit point. Non, un arrêté de la main d'Oberty, commet à quatre officiers de santé d'aller le visiter : ils réfèrent unanimement qu'il est en danger. Et un autre arrêté de la main de Payany passe à l'ordre du jour, en présence du public, qui gémit consterné; on le transporte sur un bateau, et il meurt à six lieues de là.

Hommes avides et cruels! la morale publique crie vengeance!

(4) Voyez l'état de radiations annexé à mon mémoire, aux *pag.* 44 et 45.

héritiers y étoit p ésent, et qu'on sache qu'on plaide avec lui pour le forcer au partage (1).

A ces traits, l'ame honnête et sensible s'indigne, regrette presque d'avoir sauvé ces monstres des mains des réacteurs atroces, et dans un transport de colère, s'écrie : ô France ! ô ma patrie ! quand est-ce que vous en serez délivrées ?

Je vais citer deux anecdotes très-connues qui serviront à répandre plus de lumière sur ce qui précède.

Voici la première :

En messidor ou thermidor an 6, le citoyen Jean Raynaud (2) m'écrivit que des administrateurs étoient inculpés d'avoir reçu pour une radiation une corbeille d'argenterie, et de prétendre une plus forte somme, sans m'en dire davantage.

Je fis lire la lettre au citoyen Gastaud, qui m'en parut frappé. Une trentaine de jours après, je préparois ma malle pour partir, lorsque son domestique vint me dire que son maître desiroit de me voir pour me communiquer des lettres qu'il recevoit, et se rendre avec moi au Directoire. Je lui répondis que j'étois occupé, et qu'il pouvoit y aller tout seul. Je le vis ensuite, et il m'instruisit qu'on avoit arrêté à Nice un aventurier ou vagabond, qui se faisoit appeler Buonaparte; et que le même ayant fait à Scudery des révélations importantes contre Payany, il avoit été en faire part au directeur Merlin, qui lui avoit promis d'y pourvoir. Peu de jours après, je me mis en route ; et arrivé là bas, j'appris que Payany avoit été destitué, et qu'il étoit parti pour Turin,

---

(1) Voyez les déclarations qui existent aux *pag.* 77, 78, 79, 80, 81, 82, 83, 84, 141, 142 et 143 du libelle du citoyen Gastaud, dont une de Jean-Baptiste Suquet, son domestique, et les pièces ci-après cotées numéros XV, XVI et XXVI.

(2) Ce seroit bien mal-à-propos qu'on l'inquiéteroit pour les signatures qu'il a apposées aux arrêtés coupables qui permirent l'exportation des armes et effets de guerre ; car le Directoire exécutif révoqua sa nomination près la municipalité, parce que, pour cause de maladie, il étoit devenu presqu'imbécille ; et le citoyen Gastaud ne le fit nommer administrateur que pour que ses affidés s'en servissent comme d'un homme de bois. Lorsqu'on se rappellera que les habitans d'Antibes ont assuré le Corps législatif que lesdits effets valoient un million, quoique livrés pour 50,000 fr., on ne sera plus surpris que le citoyen Gastaud, au mépris des lois, ait obtenu à Paris l'exécution desdits arrêtés, malgré l'opposition du directeur des douanes. Voyez son libelle aux *pag.* 93, 94, 95, 96, 97 et 98.

avec le citoyen Daidery, pour y retirer le dépôt des anciennes écritures, ce qui me causa quelque surprise ; car alors je ne pouvois concevoir que tandis qu'ils le dénonçoient et le faisoient destituer, ils lui conservassent autant de confiance à lui appuyer une commission délicate dans le pays étranger ; mais les suites m'ont fait connoître que sans se brouiller avec lui, ils avoient voulu persuader que les propos qu'il avoit tenus comme entremetteur dans l'affaire Lascaris, ne devoient pas les atteindre.

L'autre est celle-ci :

Lors de mon arrivée à Nice, je reçus une infinité de plaintes contre l'administration centrale, et je fus informé que le citoyen Martel devoit se rendre à Paris pour la dénoncer. Je l'écrivis au citoyen Gastaud, et je m'occupai de vérifier les griefs. Quelques jours après, les administrateurs vinrent me trouver pour me consulter sur le choix qu'ils devoient faire en remplacement du citoyen Payany ; je leur dis que cela ne me regardoit point, et que je ne voulois pas m'en mêler, d'autant plus que je ne pouvois leur dissimuler les réclamations qui s'élevoient contre eux. Ils me répondirent qu'elles n'étoient pas fondées, et ne partoient que de méchans, d'envieux et de mal-intentionnés ; que d'ailleurs je devois connoître le citoyen Martel, un de leurs accusateurs, sur lequel ils me rappellerent des faits qui étoient déja à ma connoissance, et me promirent une note qui me fut remise peu de temps après par un d'eux (le citoyen Scudery), et que je reconnus de son écriture, quoique non signée (1) Je leur répliquai que, sans rien préjuger, j'aurois tâché de saisir la vérité, et que j'approuvois en attendant, la nomination du médecin Lyons, sur lequel ils avoient jeté les yeux. Il ne voulut pas l'accepter (2), ce qui donna lieu au choix de Guide (3) ; et, sur sa démission, à celui de Sauvaigue.

---

(1) Je l'ai dans mes papiers à Nice, et je pourrai la présenter si on le desire : en écrivant au Directoire, j'en ai même modifié le contenu sur ce qui n'étoit pas d'ailleurs à ma connoissance. *Voyez la pièce ci-après, cotée* n°. XX.

(2) On m'a supposé qu'il avoit répondu qu'il ne vouloit pas s'associer à des voleurs ; je l'en crois capable, car il jouit de la réputation d'homme de bien.

(3) Rien de plus singulier que ce qui s'est passé à l'égard de cet individu, ancien négociant, né français, très-riche, et ayant de la probité, des lumières et du patriotisme. Il avoit aussi été proscrit et arrêté comme terroriste, lorsqu'une fa-

Ayant averti la municipalité de me prévenir du départ de Martel, je ramassai dans l'intervalle les renseignemens qui m'étoient encore nécessaires ; et comme ils furent loin d'être favorables tant à l'un qu'aux autres, dès que je sus qu'il étoit parti j'écrivis au Directoire exécutif la lettre du 15 brumaire. On la trouvera ci-après, cotée n°. XX pour satisfaire le citoyen Gastaud, qui la desire, *pag.* 14 de son libelle.

Croiroit-on, après cela, que le citoyen Martel fût devenu dans la suite un de leurs principaux agens ? C'est pourtant ce qui est de toute vérité.

Enfin, le citoyen Gastaud me charge de dettes criardes, et me fait agioteur (1).

Ma réponse sera précise.

Sauf les dots et pensions ci-dessus énoncées, que je paie exactement, de ma vie je n'ai jamais rien dû, ni rien prêté à intérêt ; je donne tout mon bien à celui qui me convaincra du contraire.

---

mille de ci-devant, la seule de cette caste qui n'eût pas pris part à la réaction, retira et soigna ses petits-enfans, dont la mère venoit de mourir. Une telle conduite le lia d'amitié avec elle ; et, après plus de deux ans, il épousa sa fille, petite-nièce au feu colonel de Royal-Italien (Ardisson), qui a péri dans une des prisons du Piémont, comme partisan des Français. La circonstance d'avoir là même deux frères au service sarde portés sur la liste des émigrés, dont un a été blessé à Oneille, combattant avec l'autre pour la République, et l'intervalle qui avoit eu lieu pendant sa proscription dans l'exercice des fonctions publiques, le firent démettre de la place d'administrateur, que Massa et moi nous l'avions engagé d'accepter ; pas moins il consulta le ministre de l'intérieur, pour savoir si le cas de force majeure étoit prévu par la loi du 3 brumaire.

Celui-ci s'étant tu, et l'autre y ayant été réélu par le peuple, il la remplissoit, lorsqu'après le 30 prairial dernier, pour le récompenser des sacrifices qu'il a faits pour l'armée d'Italie, des hommes qui se trouvent dans des cas bien pires, l'ont fait dénoncer pour la lui faire légèrement appliquer, et le faire poursuivre conformément à icelle, si le ministre de la justice, sur ma demande, n'étoit venu à son secours, en le supposant même pour y parvenir en relation avec des émigrés, dont il a acheté les biens, et dépensé plus de 100,000 fr. écus pour les réparer ; mais il est né Français, et il est républicain : il falloit donc le faire écarter avec les autres, si on avoit pu y réussir ; heureux ces derniers, s'ils n'ont le même sort, que le commissaire d'Utelle, Français aussi de naissance, qu'on a fait assassiner par les barbets, n'ayant pu le déplacer ; car, périsse la République plutôt que lâcher notre proie, et ne pas dominer ! vérité terrible qui n'est pas hasardée.

(1) Voyez son libelle aux *pag.* 29 et 35.

La nombreuse famille que mon père avoit le gênoit dans ses affaires; et pour l'entier paiement d'une dot de religieuse, je lui fis prêter par un ami 1,200 fr. : voilà, avec celle du carrosse ci-dessus, les seules obligations que j'ai contractées depuis que j'existe. Lorsqu'il mourut, des prétentions injustes de la part de mon puîné me forcèrent à réclamer un vieux droit d'aînesse; mais je payai ses dettes légitimes.

Les douze annuités que le citoyen Gastaud me fait payer en l'an 5, je les ai payées le 2 juin 1788, peu de jours après sa mort (1); et c'est le 11 prairial an 6 que ma sœur en a satisfait le capital de 1,007 fr. 11 s. 6 d. en espèces sonnantes; elle a même payé à cette époque un ancien compte d'apothicaire, au paiement duquel aucune loi ne pouvoit l'astreindre.

La pièce ci-après cotée n°. XXVI prouvera que le 8 brumaire an 6 j'ai prêté *gracieusement* au citoyen Delly père la somme de 2,000 liv. pour pourvoir aux besoins que ma sœur peut avoir à Nice; et lui en ayant déja fourni 600 liv., il doit le reste; je libère dès cet instant tous mes autres débiteurs, sauf mes fermiers pour prix de baux.

Le citoyen Gastaud sait très-bien que les mandats qu'on m'avoit donnés pour mes indemnités se fondirent dans mes mains, parce que lors de mon premier congé, je ne pus les employer à Nice dans l'achat de biens nationaux, à cause de l'infâme monopole que lui et ses complices y avoient fait, et que pour revenir à Paris, je fus obligé de retirer deux capitaux de rentes foncières, dont un en sa présence, en faisant des sacrifices pour engager les débiteurs Seassau, du quartier de Saint-Pierre, et Gasiglie, de Torreffas, à me les rembourser.

Et dès que le citoyen Gastaud prétend que les dommages qu'on m'a causés en 1793 dans mes propriétés, (en y déracinant par méchanceté (2) les gros arbres de chênes qui soutenoient les murailles, des torrens contigus), ne sont pas si conséquens que je les fait; et que mes épargnes sont plus fortes, puisque

---

(1) Voyez le libelle, à la *pag.* 35, et la pièce ci-après cotée n°. XXVII.

(2) Je dis *par méchanceté*, parce que la marine n'avoit besoin, au pis aller, que des troncs.

je ne dépense pas 3,000 fr. par an (1) , j'offre 12,000 fr. à celui qui voudra en achever les réparations, et m'en assurer les suites ; 6,000 fr. à celui qui voudra se charger de pourvoir ici à mon maintien annuel, et je déclare que quoique je travaille depuis vingt-deux ans, et que je sois, selon lui, très-économe, l'accroissement de patrimoine qui excéderoit 20,000 fr., tout compris (2), ne peut jamais appartenir ni à moi, ni à mes héritiers, ou ayans-cause, et la Nation et les particuliers sont autorisés de s'en emparer en tout temps, et sans autre formalité.

Le citoyen Gastaud veut persuader en outre que la destitution et les poursuites des administrateurs sont l'ouvrage de mon ex-collègue Massa, commissaire actuel près l'administration centrale (3), et que j'ai été là-bas pour me concerter avec lui à cet égard. Pour ce qui me concerne, quand même les démarches y relatives ne dateroient pas d'une époque antérieure à mon arrivée, si, avant mon départ, j'avois eu des vues hostiles, je n'aurois pas remis ma correspondance de six ans au citoyen Gastaud, ne gardant, heureusement pour moi, qu'un portefeuille avec quelques pièces qui m'ont été fort utiles ; car celui qui veut guerroyer ne livre pas ses armes à l'ennemi.

Quant à Massa, j'ignore ce qu'il a pu faire relativement à l'argenterie Lascaris (4), n'ayant bien connu cette affaire qu'à mon

---

(1) Le seuls congés m'ont coûté davantage en frais de voyage.

(2) On sent que la retenue du quart de mes indemnités, et les frais de la présente ont dérangé les calculs à mon mémoire.

(3) Il lui attribue aussi les choix des dernières élections, l'arrêté de déportation de l'ex-moine Scuderi et les déclarations relatives à l'abandon fait à Verani Masin, moyennant 3,000 francs. Quant à celles-ci, la pièce ci-après cotée n°. XXIX, qui vient à leur appui, leur servira de réponse. Pour ce qui concerne les élections, jusqu'à ce que le citoyen Gastaud enfante le second volume qu'il a annoncé, *pag.* 76 de son libelle, je ne ferai que rappeler ma lettre du 4 floréal, insérée *pag.* 37 de mon mémoire. A l'égard de la déportation arrêtée, j'ignore la part que Massa a pu y avoir ; mais je sais qu'elle est basée, entre autres, sur l'insulte faite en public à un administrateur, couteau à la main, et sur l'intrigue immorale et scandaleuse qui eut lieu pour la place de bibliothécaire avec le citoyen Rusca, qui figure à la page 157 du libelle du citoyen Gastaud.

(4) Si c'est lui qui a découvert cette infamie, je lui en sais bon gré pour le service qu'il a rendu à la chose publique. Le citoyen Gastaud assure, à la *pag.* 26 de son libelle, que Massa a de la déférence pour moi : c'est vrai ; mais le citoyen Gastaud

retour

retour à Paris de la bouche du citoyen Gastaud, qui m'informa des suites qu'elle avoit eues, pestant, sacrant contre Massa et le Directoire exécutif, et me laissant presque dans quelque doute (1), jusqu'à ce que sa lettre au *Publiciste* du 26 ventose vint déchirer le bandeau et dessiller mes yeux par des traits de lumière qui ont laissé dans mon ame une conviction intime, qu'il a partagé le gâteau dans toutes le turpitudes dont les administrateurs se sont rendus coupables, opinion qui est devenue pour un chacun une vérité démontrée, tant ses démarches ultérieures l'ont confirmée.

Je pourrois terminer ici ma réponse; mais je crois utile de joindre à la présente les deux lettres (2), que le 20 thermidor et le 18 vendémiaire dernier m'ont été écrites de Nice par deux fonctionnaires publics, qui ont donné des gages certains à la révolution, dont un né Français.

Les détails affligeans qu'elles contiennent feront voir, entre autres, quel égard on doit avoir aux pièces qu'il produit pour faire croire qu'il n'a pas failli (3), et combien sont horribles et dangereux les êtres que je combats.

---

en auroit eu bien davantage, si j'avois voulu laisser triompher le crime, et opprimer l'innocence, ou au moins rester neutre.

(1) Ce fut en ce moment que j'écrivis au citoyen Oberty la lettre qu'on trouve *pag.* 113 du libelle du citoyen Gastaud; mais bientôt je m'apperçus que j'étois dupe de lui et de l'air patelain et hypocrite de son complice.

(2) On les trouvera ci-après, cotées numéros XXX et XXXIII. Dans le grand nombre d'inculpations que contient la première, il y est question du bien fonds, vendu à vil prix, et sans les formalités ordinaires du général de division Garnier, et de l'importation d'huiles étrangères dans le canton de Péïsalde. Sur ce dernier fait la députation a écrit les lettres cotées ci-après numéros XXXI et XXXII; et il peut se faire qu'elle ait été aussi trompée par la chaleureuse correspondance de l'administration, qui vouloit en tirer parti. Quant à l'autre, lorsque j'étois à Nice, ledit général se montra envers moi très-affecté qu'on voulût l'inquiéter sur cela, après qu'il avoit perdu sa fortune dans les colonies, et fait de grandes dépenses pour donner avec succès la chasse aux barbets. Touché des raisons de ce brave militaire, j'écrivis au citoyen Gastaud d'agir pour que cette affaire n'eût pas de suite; c'est au public à apprécier ma démarche.

(3) Les pièces y relatives, et par lui produites, *pages* 118, 119 et 120 de son libelle, consistent dans une déclaration de la maison de commerce Leclerc et compagnie, dont le citoyen Dony, un des administrateurs destitués et renvoyés devant les tribunaux, est le chef, comme il en conste par l'arrêté du Directoire exécutif,

Dabray.

Le crime aveuglé a cru me fermer la bouche par des menaces et un torrent d'injures ; insensible à celles-ci, et bravant celles-là, j'ai dû dévoiler des forfaits qui font frémir, et les dénoncer à la nation et à ses magistrats.

S'il étoit possible qu'ils restassent impunis par des intrigues, que je me réserve de mettre au grand jour, le cœur navré de douleur, je désespérerois du salut de la République, malgré ses étonnans succès, et le peuple, dont elle a brisé les fers, maudiroit, j'en suis sûr, l'instant de sa délivrance.

Paris, le 2 brumaire an 8 de la République française, une et indivisible.

Signé, Dabray.

---

inséré *pages* 18 et 19 de mon mémoire. Dans une déclaration de la maison de commerce Thaon, dont le citoyen Gastaud a été commis, et a fait rayer provisoirement plus de vingt émigrés qui lui appartiennent par parenté ou alliance ; enfin, dans une troisième déclaration du tribunal de commerce, séant à Nice, signée par cinq individus, dont trois au moins auroient menti à leur conscience, si leur déclaration eût été différemment rédigée ; car on voit évidemment qu'ils n'ont rien trouvé, parce qu'à une certaine époque il a trouvé le moyen d'y soustraire le tout.

PIÈCES JUSTIFICATIVES.

N°. Ier.

Paris, le 3 thermidor an 7 de la République française, une et indivisible, à six heures et demie du soir.

Dabray du Conseil des Cinq-Cents, à qui de droit.

Après la séance d'aujourd'hui, j'ai été dîner à côté des Tuileries chez Legacque, mon restaurateur ordinaire.

En sortant de là, j'ai pris la rue de l'Echelle pour me rendre à l'hôtel de la Loi, où je demeure.

Au coin de la rue Louis, j'ai rencontré le citoyen Gastaud du Conseil des Anciens, autre membre de la députation des Alpes maritimes, en compagnie de l'ex-prêtre Scuderi, administrateur destitué, et renvoyé devant les tribunaux de Nice.

Le premier, en me voyant, m'a dit quelques mots que je n'ai pu comprendre, et s'approchant de moi, m'a menacé du bâton qu'il avoit en main.

Tout étonné et surpris de l'écart, étant sans armes et voulant éviter un scandale au public, j'ai jugé convenable de lui tourner le dos, et de poursuivre ma route.

Comme les circonstances m'empêchent en ce moment de donner suite à une insulte que je dois attribuer au mémoire où j'ai dévoilé et prouvé les turpitudes de ces individus, je crois nécessaire d'en dresser acte, et de le faire connoître à mes commettans.

Signé, Dabray.

N°. II.

Paris, le 3 thermidor an 7 de la République française, une et indivisible.

Dabray, du Conseil des Cinq-Cents, à l'administration centrale des Alpes maritimes.

Je vous transmets, citoyens administrateurs, copie de l'acte que je viens de dresser: vous voudrez bien le communiquer à vos administrés, et l'insérer dans vos registres.

Salut et fraternité.

Signé, Dabray.

No. III.

Dabray, du Conseil des Cinq-Cents, au Directoire exécutif.

Citoyens directeurs,

Dès qu'il est vrai que le roi de Sardaigne a envoyé vers vous pour traiter de la paix le ci-devant chevalier Thaon-de-Revel, natif de Nice, ma patrie, il est de mon devoir de vous fournir les renseignemens que j'ai à son égard.

L'individu dont il s'agit, anglomane par goût, par inclination, par caractère, par habitude, par principes, par sentimens, par intérêt, a pourtant des mœurs assez douces, et de fort bonnes qualités ; il est très-instruit, généralement estimé ; et, au commencement de la revolution, il étoit chargé d'affaires de la cour de Turin en Hollande.

Sa famille avoit ses biens, sa maison d'habitation, et par conséquent son domicile dans la commune de Nice, avant qu'on la portât sur la liste des émigrés du département des Alpes maritimes, quoiqu'étant au service sarde, elle demeurât souvent ailleurs en tout ou en partie.

Il a un frère qui a épousé la sœur du ci-devant duc de Guadagne, et il est fils de Charles Thaon, ci-devant comte de Saint-André, qui, rappelé par son inconduite de la Sardaigne, où il étoit vice-roi, resta à Nice pendant quelque temps ; il se lia avec les émigrés Français ; il partagea leurs manœuvres et leurs écarts ; il concourut à entraîner le roi sarde dans la coalition ; il fut général de l'armée austro-sarde sous Saorge ; il combattit contre la patrie avec ses trois enfans, et autres nombreux émigrés niçois, en partie déja rentrés au mépris des lois ; et il contribua le plus par ses liaisons et ses intrigues à désoler et à compromettre à plusieurs reprises l'armée d'Italie par les barbets, et autres trames autant infames que perfides, et cela pour favoriser sur-tout l'Angleterre, à laquelle il est dévoué, et dont il jouit de l'appui et de la bienveillance et bienfaisance.

J'ai trop de confiance dans vos lumières et dans votre patriotisme pour me permettre, citoyens directeurs, la moindre réflexion sur la démarche inconvenante et louche du gouvernement piémontais ; je me borne donc à vous soumettre les faits constans et notoires que dessus.

Salut et fraternité.

Signé, Dabray.

N°. IV.

Roassal, pierre.

D. Section du Temple,	N°. 216. Pré arrosable . 10 sepées. maux.	l.	360 f.
Idem.	217. Autre pré . . 5	. . . . .	180
Idem.	218. Jardin avec maison 5	. . . . .	180
Idem.	218. Terre avec trois maisons 29	. . . . .	1,084
I. Section de la Mer,	14. Terre en colline avec maison . . 9	. . . . .	167
Idem.	15. Maison sur le grand chemin . . —	. . . . .	30
Idem.	17. Terre en colline avec maison . . 15	. . . . .	270
Idem.	18. Terre en plaine avec maison. . . 3	. . . . .	63
Idem.	19. Terre en colline avec maison. . . 28	. . . . .	504
M. Section du Var,	139. Terre en plaine avec trois maisons 50	. . . . .	600
I. Section dite de St.-Jacques,	— Maison au cours —	. . . . .	240
S. Section de de St-Augustin,	— Maison, place république . . . —	. . . . .	350

Total. . . . 4,028

Taxé au rôle définitif de l'an 7, article 1,861.

En principal et fonds communs . . . . 1,020 f. 25 c.
En centimes additionnels 223   48
En fonds de subvention 97   16

                                                    1,340 f. 89 c.
Et en frais de perception   11   18

Total . . . . . 1,352 f. 7 c.

N°. V.

EGALITÉ.   LIBERTÉ.

« *Marseille, Lyon Audibert, et Sermet.* »

Nice, *le* 29 *novembre* 1790.

Je suis toujours dans la plus grande inquiétude de me voir privé de réponse aux lettres que j'ai eu l'honneur de vous écrire les 10 et 19 du courant ; cette dernière renfermant le billet de Gaetan Lieutaud, de 206 fr. 2 sous tournois, et le décret de condamnation. J'ai peine à douter que vous ne l'ayez reçue, néanmoins je vous en remets toujours ci-devant copie, pour le cas qu'elles fussent égarées, afin que vous ne cessiez d'être instruits de ma situation, et de l'impossibilité dans laquelle je suis de remplir une dette qui m'est accrochée, comme vous en êtes au fait, puisque vous n'en avez pu obtenir de Ruight le paiement. Je vous prie donc, en grace, de m'épargner de nouveaux chagrins, que vous me feriez éprouver en continuant vos poursuites, sur-tout envers quelqu'un qui offre de se prêter à tous les moyens possibles que vous pouvez lui suggérer, si ceux qu'il vous a proposés ne sont pas capables de vous satisfaire : l'état où me réduit l'injustice d'un frère que j'ai comblé de bienfaits, m'empêche d'user des moyens efficaces pour obtenir le recouvrement de mes substances. Il en seroit un, tel que celui d'aller aux pieds du trône ; mais comment subvenir à cette dépense, si je suis déja à charge à mes parens ? Puissiez-vous donc vous déterminer à me donner de l'emploi chez vous, ou réussir de m'en procurer dans votre ville ; que je volerai de suite pour avoir la double consolation d'acquitter une dette, et de vous y découvrir avec liberté les motifs qui me tiennent dans cette cruelle détresse. Avec la dette de Rimbaud, je pourrois vous y céder un effet dont je ne puis faire usage, étant ici par des raisons que je vous expliquerai, et moyennant ce, pour peu que vous veniez à exiger de Ruight, ou que je travaille chez vous, votre compte sera soldé jusqu'au dernier obole, puisque mon intention est de ne faire aucun arrangement qui vous occasionne le moindre sacrifice.

J'ai l'honneur d'attendre votre réponse, et je suis avec sincérité et la plus parfaite considération, votre très-humble et très-obéissant serviteur,

André Gastaud.

Enregistré à Nice, le 29 germinal an 7 de la République française. Reçu un franc.

Signé, Longero.

Pour copie conforme à l'original existant près le notaire soussigné, duement timbré et enregistré.

Signé, Victor Tiranti, notaire public soussigné.

N°. VI.

Formule apposée au bas du décret de déchéance, du 4 janvier 1793, l'an 2 de la République française.

Au nom de la Nation, des colons Marseillois-Niçois, le conseil exécutif mande et ordonne à tous les corps administratifs et tribunaux provisoires, que les présentes ils fassent consigner dans leurs registres, lire, publier et afficher dans la ville, territoire, communes de la montagne et ressorts respectifs, et exécuter comme loi.

En foi de quoi, nous avons signé cesdites présentes, et fait contresigner par notre secrétaire.

A Nice, le sixième jour du mois de janvier 1793, l'an 2 de la République françoise.

Signé, Dabray, Ferandy, Jean Raynaud, Simon, Bona.

Par le Conseil exécutif,

Signé, Astier, secrétaire-général.

N°. VII.

LIBERTÉ.   ÉGALITÉ.

Adresse à mes concitoyens.

Une nation, à tous égards puissante, éveillée par des hommes que la nature rarement produit, s'est enfin apperçue qu'elle étoit à deux doigts de sa perte, si elle différoit encore de terrasser les tyrans qui dès long-temps l'opprimoient. Délivrée de ses fers, elle veut, par générosité, briser ceux des autres peuples, pour à jamais débarrasser la terre des monstres qui, au mépris de la divinité, font le malheur du genre humain.

La sotte inconduite du despote de Turin, de ses scélérats satellites et de leurs infames suppôts, ayant hâté notre régénération morale et politique, il ne faut pas que les maux sans nombre qu'un vil reste d'aristocratie nous a procurés, retombent par surcroît d'injustice sur une grande et bienfaisante République dont, pour comble du bonheur, nous sommes en ce moment partie intégrante.

Fasse le ciel que le nom glorieux et redoutable que nous venons d'acquérir, nous inspire les sentimens magnanimes qui caractérisent nos vertueux frères !

Loin de nous cette apathie que les fourbes nous ont insinuée, avec quelque succès, pour paralyser toutes nos opérations utiles et louables !

Loin de nous cet enthousiasme criminel qui ne nous donne que de l'énergie pour le mal, de l'aversion pour le bien, et de la haine pour les vrais patriotes qui ne veulent que nous rendre heureux en nous instruisant des principes éternels et immuables!

Loin de nous ces malveillans hypocrites qui, méconnoissant le Tout-puissant, ne cessent de déclamer contre le nouveau systeme, que pour continuer à profiter des énormes abus de l'ancien!

Loin de nous ces imposteurs sacrilèges qui, se couvrant avec impiété du manteau du culte, commettent sans crainte et sans remords toutes les perfidies!

Loin de nous ces agitateurs pervers qui ne cherchent qu'à nous tromper et à nous égarer, en nous exagérant les désordres, en nous supposant à chaque pas des échecs, en nous vendant de grossières chimères, en ébruitant des alarmes et des terreurs paniques!

Loin de nous ces ignorans ou escrocs partisans de la cour de Turin, où tout est vénal, tout corruption, tout astuce, tout tromperie, tout injustice; où, pour avoir un emploi, il faut se déshonorer ou s'en rendre indigne; où le vice triomphe, où le mérite et la vertu sont en disgrace!

Loin de nous ces superstitieux fanatiques, ces intrigans dangereux, ces rongeurs des pauvres, ces grands hautains, ces pouvoirs enflés, ces méprisables rampans, ces flagorneurs pitoyables, ces précieuses ridicules, ces insolens petits-maîtres!

Loin de nous cette paresse oisive, source de tous les maux et des calamités publiques!

Nous sommes Français, et comme tels pourrions-nous souffrir de retomber dans l'esclavage? Nous sommes Français, et comme tels pourrions-nous voir sans frémir, et mourir de désespoir, que l'ambitieux André Thaon, cet opprobre de la Sardaigne, cet oppresseur des honnêtes hommes, ce protecteur de la canaille, ce parfait vaurien que le ciel a produit dans son plus terrible courroux, revient avec ces coquins qui l'entourent, nous maîtriser, nous tyranniser, nous avilir, nous sucer, nous épuiser, nous détruire! Nous sommes Français, et comme tels pourrions-nous permettre, sans excès de honte, que notre chère patrie fût ruinée, qu'elle n'existât plus sur le globe! Malheur à ceux qui oseroient tramer contre elle, la déchirer, lui porter la moindre atteinte! dès ce moment, dévouons-les à la vengeance des lois, à l'exécration publique. Soyons unis, soyons justes, désintéressés, généreux, bienfaisans, surveillans, actifs; aimons nos devoirs et nos semblables; respectons les propriétés d'autrui; soyons vaillans, courageux, belliqueux, intrépides; en un mot, soyons Français dans toute l'étendue du terme; et en dépit de tous les aristocrates, en dépit de tous les despotes quelconques, en dépit même du fanatisme, des préjugés et de leurs fauteurs, nous braverons l'Univers, nous serons toujours invincibles.

Nice, le 8 février 1793, l'an second de la République française.

Signé, Dabray.

A Nice, chez Cougnet, père et fils, imprimeurs de l'administration du pays des Niçois Français et de la municipalité de la ville de Nice.

N°. VIII.

Nº. VIII.

LIBERTÉ. ÉGALITÉ.

Nouvelle adresse à mes concitoyens.

Il est étonnant, citoyens, il est même inconcevable qu'après avoir unanimement émis un vœu libre pour se réunir à la grande République française, dès que l'heureuse époque en est arrivée on ait remarqué à plusieurs d'entre nous une froideur révoltante.

Lorsqu'il s'agissoit de repousser nos libérateurs et nos amis, de favoriser nos oppresseurs, d'appésantir nos fers, trompés par des méchans qui fascinoient nos esprits, nous avions une ardeur sans égale.

A présent, qu'il faut conserver et défendre, au besoin, notre liberté reconquise, nous sommes devenus méconnoissables et même dangereux.

Au dix-huitième siècle, il paroît que nous sommes encore aux premiers : plût à Dieu que cela fût, au moins les eaux étant plus voisines de leur source seroient plus pures; mais, par malheur, nous donnons à entrevoir que nous sommes dans un temps moins reculé, où les fourbes, profitant avec adresse de l'ignorance des peuples, remplirent la terre de préjugés.

Sortons enfin de notre aveuglement, que la raison nous dessille les yeux et nous éclaire ; nous sommes Français, nous devons donc, avec l'aide et l'appui de nos frères, nous accoutumer à contempler la lumière sans voile et sans qu'elle nous éblouisse, à voir les dangers sans qu'ils nous effraient.

Les malveillans peut-être continuent à vous agiter, en vous disant que la France veut saper la religion catholique, en vous menaçant que les Piémontais retourneront.

Ils vous trompent, les scélérats !

La religion, en remontant à ses principes, ne sera que plus épurée. Rome et ses partisans, après bien de fausses démarches, ont senti cette vérité irréfragable ; et pour remplir leurs mauvais desseins, ils se bornent à des menées sourdes et à des cruautés inouies que le ciel, pour nous assurer de la bonté de notre cause, rend toujours inefficaces à leur but, et même utiles à nos progrès.

Les Piémontais revenir !

Une terre libre n'est plus faite pour être foulée par de vils esclaves ; long-temps ils se sont engraissés de nos sueurs, ils nous ont assez opprimés ; ils nous ont assez montré leur lâcheté et leur perfidie. Nice ne peut plus être que leur tombeau !

Ne soyez pas alarmés, citoyens, des sortes menaces que quelques téméraires ont faites, en disant que mon adresse du 8 du courant mois m'auroit fait perdre mon patrimoine, et que voulant partir pour m'enfuir au sein de la République, ils m'auroient arrêté avec les autres bons patriotes pour nous livrer à nos ennemis.

Si j'avois pu vous abandonner, citoyens, je l'aurois fait, quand la nuit du

Dabray. F

28 septembre dernier, quand le jour du 9 décembre passé, j'eus la douleur profonde de voir que des pervers entraînoient quelqu'un de vous à commettre des bassesses et des excès.

Jamais je ne délaisserai ma patrie que pour son avantage, et il sera glorieux pour moi de verser même mon sang pour la sauver et garantir le vôtre.

Je n'ai rien à craindre des vrais amis de la patrie, et vous savez, citoyens, que dès long-temps je suis accoutumé à ne point redouter ses ennemis; en tout cas, le bonheur de mourir Français rendra doux mon dernier soupir.

Citoyens, mes amis, si vous m'étiez moins chers, je serois moins naïf; vous connoissez fort bien que je ne puis vous tromper ni vous mentir.

Méfiez-vous, je vous en prie, de ces êtres rusés à double face, dont l'intérieur est aussi noir ou masqué que l'extérieur; et, en les obligeant à remplir les devoirs de leur ministère, faites-leur perdre l'influence qu'ils ont usurpée.

Méfiez-vous de ces individus (à tous égards périlleux) toujours prêts à exciter des troubles pour se ressaisir d'une autorité et d'un éclat dont la perte les désole.

Méfiez-vous de leurs promesses, qu'ils n'ont jamais accomplies et ne pourroient remplir, même en le desirant, faute de moyens; ils veulent vous égarer : si vous les croyez, vous serez leurs victimes.

Plusieurs d'entre eux, plus prudens et plus circonspects que bien d'autres, quoique plus dangereux, pour se faire un sort ou marcher à pas sûrs dans leur infame projet, affectent du civisme, ils étalent du patriotisme et croient d'en imposer.

Les insensés!

Ils se tiennent derrière le rideau, mais en même-temps vous soufflent leur venin, vous remuent, vous agitent, vous ébraulent, vous font agir ou vous paralysent, afin de profiter d'un moment pour vous immoler à leurs passions sordides.

Pensez, citoyens, qu'un loup peut bien s'humaniser, se familiariser, fraterniser même avec les agneaux; mais à la fin il les dévore, car il ne peut rien changer de sa nature.

N'oubliez pas non plus que ceux qui étoient mauvais dans l'ancien régime sont pires encore dans le nouveau, et fort enclins à y reproduire des abus.

Dirigez à l'avenir tous vos choix par vos ames et consciences; proscrivez toute intrigue, toute manœuvre, toute partialité, tous les égards humains; n'ayez en vue que le bien public, enfin que la cause commune.

Surveillez-vous mutuellement, surveillez tous vos agens, tous vos fonctionnaires publics; ne les épargnez pas; dénoncez-les aux autorités constituées, si vous les reconnoissez coupables, moi, sur-tout, si j'avois la malheureuse foiblesse de m'écarter d'un seul pas de la route que les lois m'ont tracée : et vous mériterez de la patrie, et vous serez dignes de récompense.

La France sait très-bien, citoyens, que plusieurs de vous n'ont pas encore cette bravoure qui est nécessaire pour attaquer l'ennemi, et dans sa sagesse elle saura sans doute vous ménager; mais s'il falloit par hasard nous défendre, refuseriez-vous de combattre à mes flancs? non, je ne vous ferai jamais le tort de croire, ni même de supposer, qu'amplement payés par la nation, et défendant votre liberté, vous fussiez aussi vils que les esclaves du despote de Turin, obligés à leurs frais de porter les atmes et perdre leur vie, quoiqu'en fuyant, pour lui conserver un sceptre de fer et renforcer leurs chaînes.

En attendant, citoyens, je vous annonce avec un transport de joie, que notre fortune est prochaine, que notre chère mère patrie, que nos bienfaisans pères, que nos généreux frères s'occupent sans cesse de nous rendre puissans, de nous rendre redoutables, de nous rendre heureux : sur ma parole soyez contens, soyez tranquilles, ne craignez rien ; soignez vos biens, soignez vos affaires, de jour en jour votre sort s'améliore : et bientôt, sous l'égide des lois, dans un repos envié, vous vous reprocherez de n'avoir pas saisi avec empressement votre régénération.

Si les absens ne reviennent pas, tant mieux pour nous, nous aurons moins de vices.

Si plusieurs autres s'en vont, tant pis pour eux ; c'est bien qu'ils connoissent qu'une terre libre n'est plus faite pour les mal-intentionnés.

Au reste, mes chers concitoyens, rappelez-vous, je vous en supplie, que le Ciel, toujours juste, ne laisse jamais sans punition ceux qui oseroient tramer contre leur patrie ; vous en avez eu des exemples frappans, je ne vous dis rien autre : si méconnoissant mes avis fraternels, vous vous exposiez ; s'il vous en mésarrivoit, vous devriez vous en prendre à vous-mêmes, et en vous plaignant je n'aurois aucun reproche à me faire.

Nice, le 17 février 1793, l'an second de la République française.

Signé, Dabray.

A Nice, chez Cougnet, père et fils, imprimeurs de l'administration du pays des Niçois français et de la municipalité de la ville de Nice.

N°. IX.

LIBERTÉ.   ÉGALITÉ.

Troisième adresse à mes concitoyens.

Eh bien ! citoyens, vous ai-je trompés par ma conduite et mes adresses, ou plutôt nos ennemis vous en imposent-ils avec impudence ?

Cette formidable flotte anglaise que depuis cinq mois, on vous fait entrevoir au loin, s'approche-t elle de nos parages ? L'a-t-on au moins signalée ?

Ces innombrables phalanges à grandes moustaches, qui selon vos agitateurs pervers fourmillent dans le Piémont, descendent-elles pour nous couper en morceaux ?

Le ciel a t-il encore foudroyé notre prétendue impiété ?

Ne rougissez-vous pas d'être si débonnaires ?

N'êtes-vous pas indignés de vous voir bercer de la sorte ?

N'avez-vous pas honte de reconnoître qu'un tas de fourbes, de fripons, de scélérats, aient si long-temps abusé de votre stupide crédulité?

Pouvez-vous encore souffrir autour de vous ces menteurs effrontés qui ne cherchent qu'à vous égarer?

Ouvrez la grande charte de l'Evangile, et vous y trouverez tous les vrais principes de notre démocratie.

Dieu même ne paroît-il pas se déclarer pour la cause de la liberté?

Si cela n'étoit pas, favoriseroit-il si évidemment les progrès de nos armes et toutes nos vues louables? pourroit-il déjouer si ouvertement tous les infames projets de nos vils adversaires?

Les saisons propices à nos desirs, nos campagnes riantes, arrosées à temps par des pluies nourricieres, ne nous fournissent-elles pas aussi des preuves convaincantes et sans réplique de sa puissante assistance, de ses bénédictions paternelles?

Il ne faut pas, citoyens, se décider sur notre incomparable révolution par les traits blâmables de quelques individus qui la deshonorent; ceux-ci sont les hypocrites du patriotisme, loin d'en être les apôtres. Pour être patriote, il faut être honnête homme dans toute la rigueur du terme: c'est pour cela qu'ils sont si rares, quoiqu'ils paroissent si nombreux.

Voyez, citoyens, les Grégoire, les Jagot; voyez tous leurs braves collègues: quelle franchise, quelle humanité, quel courage, quelle grandeur d'ame, quels sentimens magnanimes!

Voyez au contraire leurs méprisables antagonistes, quelle bassesse, quelle lâcheté, quelle consternation, quelle astuce, quelles manœuvres, quelles cen ures! comparez le calme des uns aux remords des autres: ces derniers, en horreur aux êtres raisonnables, en disgrace du Créateur qu'ils ont tant méconnu, voyant leur imposture à jamais démasquée, voudroient se couvrir par des calomnies affreuses; leur existence semble leur peser; ils sont maintenant à charge à eux-mêmes, l'ayant été si long-temps aux autres, et vous pouvez bien leur dire avec plus d'assurance, ce qu'un jour l'on disoit dans une chanson énergique au symbole de tous les vices, au crapuleux André Thaon.

Lo tendon es tirat
La farso es già giugado,
Finit es lo tieu regno,
La tieu arlequinado.

Quand même en Piémont il y auroit un grand nombre de soldats capables de donner quelque petite alarme, ce qui n'est pas, craindriez-vous, citoyens, des gens aussi lâches qu'assassins, qui ne connoissent que le brigandage et la tactique rétrograde; commandés par le bien-aimé d'Epicure, qui, suivant l'anecdote que vous savez, n'est vaillant qu'alors qu'il se cache sous un pont, et y est déniché par son général à grands coups de fouet?

Les Biron, les Brunet, les St. Martin, les Dagobert, les Dumerbion, secondés par nos généreux frères, sont non moins terribles par leur présence aux ennemis du dehors, que les Labarre et les Durant sont redoutables aux malveillans et aux mal-intentionnés de la ville.

Les Anglais, en oubliant leur liberté, ont perdu leur bravoure; et si, trompés par la cour de St. James, ils ont la sotte imprudence de se mesurer à présent avec nous, ils seront, à coup sûr, de plus en plus nos victimes.

Toutes les autres puissances coalisées contre nous, échoueront aussi à leur tour dans les révoltantes mesures que la scélératesse enfante, et que la vertu détruit dans leur naissance. La France, au degré d'héroïsme où la justice de sa cause l'a portée, peut sans contredit se suffire à renverser tous les trônes, à vaincre l'univers entier; et on peut garantir d'avance ses merveilleux exploits, ses inconcevables succès.

Dites moi, citoyens, quel avantage ont eu ceux qui, prêtant une oreille irréfléchie, maligne ou superstitieuse aux agitateurs de toute espèce, ont abandonné leur domicile, ont négligé la culture de leurs terres; enfin n'ont point soigné leurs affaires?

S'ils ont été assez heureux de conserver leur vie, ils auront l'humiliation de revenir sans être en état de payer les impositions que l'empire des circonstances rendra pour le moment sensibles; quoique dans la suite la dîme supprimée, et bien d'autres objets soient dans le cas de leur faire face; ou bien à jamais bannis de leur patrie, toujours chère aux ames honnêtes, ils seront ruinés et réduits à la mendicité.

Il est pourtant vrai que la cassation des contrats qui pourroient se faire ici, prononcée pour comble de sottise, d'aveuglement et de folie, par le soi-disant ci-devant sénat, pourra leur servir de titre suffisant à demander l'aumône, à séduire quelques bigotes ou fanatiques, à amorcer quelques usuriers étourdis.

Citoyens, graces à la générosité française, nous sommes devenus hommes; et pour arriver au dernier degré de notre bonheur, au faîte de notre gloire, nous n'avons plus qu'un seul pas: notre chère mère patrie, afin de le franchir sans retour, a encore quelques ennemis à combattre: aidons-la de nos bras vigoureux, aidons la de tous nos puissans moyens, nous y sommes obligés; et par devoir et par reconnoissance, soyons donc dignes du nom que nous avons acquis.

Qu'ils tremblent, ces mauvais citoyens, ces ingrats à leur patrie!

Qu'ils tremblent! leurs intrigues, leurs fausses démarches vont être dévoilées; leur mépris pour les amis de la patrie, leurs insultes aux vrais patriotes sont connus; le glaive des lois ne tardera pas de les atteindre.

Quant à moi, citoyens, dans l'attente flatteuse de voir bientôt des réformes salutaires et indispensables, quoi que plusieurs autres en disent, à cause de leurs cataractes fort épaisses, ou de leur malice artificieuse, je vous proteste que je ferai tout mon possible pour sauver ma patrie ou périr sous ses ruines; que je serai Français, ou je perdrai ma vie; que les non-conformistes décamperont ou mordront la poussière.

Puisse le ciel répandre sur eux sa lumière ou les frapper de sa foudre!

Nice, le 12 mars 1793, l'an second de la République française.

DABRAY.

A Nice, chez Cougnet, père et fils, imprimeurs du département des Alpes-Maritimes.

N°. X.

LIBERTÉ.   ÉGALITÉ.

Quatrième adresse à mes concitoyens.

Est-il donc vrai, citoyens, que pour vous plaire à coup sûr, il faut impudemment vous tromper ?

Tel est l'extrême degré de votre aveuglement léthargique, que loin d'ouvrir les yeux déja excessivement affaissés, vous les fermez de plus en plus à la lumière.

Pour guérir votre mal bientôt incurable, est-il donc nécessaire d'y passer le feu à la racine ? pour vous rendre enfin raisonnables, faut-il donc extirper, sans pitié, toutes les parties impures qui vous environnent, et vous infectent de leur soufle venimeux ?

Les avis tout à-fait salutaires des ci-devant honnêtes hommes les transforment, selon vous, en vauriens tout-à-coup, parce qu'ils sont patriotes.

Les infames menées des fripons avérés leur acquièrent d'abord auprès de vous la réputation de braves gens, parce qu'ils simulent d'être royalistes ou imposteurs.

Quelle étrange métamorphose s'opère presqu'à l'instant dans votre imagination égarée !

Quel puissant empire a l'habitude en nous !

Accoutumés aux vices, nous méconnoissons les vertus.

On aime les fers que dès long-temps l'on porte.

Aux ames avilies la liberté est à charge.

Tels sont les bas sentimens que l'esclavage inspire.

Si à la place des lois sages, et comme telles par vous adoptées, vous aviez encore des abus arbitraires et énormes ;

Si au lieu de pouvoir vous donner des juges éclairés et intègres, vous étiez forcés de recevoir des oppresseurs ignorans et pervers ;

Si au lieu d'obéir à une bienfaisante mère, vous deviez vous soumettre de nouveau à un despote, et à un nombre infini de tyrans subalternes, qui s'engraissassent de vos sueurs ;

Si au lieu d'être égaux en droits à vos semblables, vous fussiez vexés, méprisés, accablés par des grands et par des riches, qui avec leur ambition, leur luxe et leurs débauches, insultassent à votre misère ;

Si au lieu d'avoir des ministres du culte exemplaires, religieux, savans, austères, zélés et désintéressés, vous en eussiez des avares, des libertins, des scandaleux, des insoucians de leurs devoirs, et des sots qui puisassent leur morale, non dans l'évangile, mais dans leurs passions, et dans celle des auteurs, qui par vénalité, et par bien d'autres motifs, l'avoient tant défiguré à ne plus le reconnoître, vous seriez peut-être plus satisfaits et plus contens : au moins les fourbes, et vos agitateurs perfides tâcheroient de vous le faire croire, pour en tirer parti à leur profit.

On ne peut concevoir, citoyens, que les personnes les plus intéressées à la révolution, et pour lesquelles la même a par préférence donné presque tous les avantages réels, lui soient en général les plus contraires ; et il faut nécessairement avouer que cette étonnante manie doit provenir ou de la misérable nature de plusieurs individus, qui les porte toujours au pire, ou des menées clandestines de quelques scélérats.

D'après les sourdes manœuvres, les démarches ouvertes, les intrigues connues, les propos criminels, les insultes criantes, et les menaces outrées, que les patriotes les plus purs viennent d'essuyer ces jours derniers de la part de ces pervers, qui les ont fait exclure si ignominieusement (si des gens de bien peuvent être flétris), de toutes charges municipales, nous ne pouvons plus nous dissimuler qu'il doit y avoir une trame cachée, un complot ténébreux, dans notre ville, ainsi que dans nos campagnes, pour tenter une contre-révolution chimérique, et en même temps étouffer, s'il étoit possible, la liberté dans son berceau.

Douter encore d'une telle impuissante conspiration, ce seroit nous aveugler à notre grand préjudice ; ménager de plus en plus nos indignes adversaires, ce seroit empirer le mal, et les enhardir plus que jamais ; déja ils ne le sont que trop par leur impunité totale ; ayant la généralité des particuliers pour eux, ils se flattent qu'on ne pourra jamais les convaincre de leurs forfaits, et ils croient agir à coup sûr.

Voyez leur audacieuse effronterie, voyez l'insolente fierté qu'ils affectent : à deux pas de leur perte inévitable, ils semblent vouloir en imposer, ils feignent de se rendre redoutables, ils font tous leurs derniers efforts, ils jouent pourtant de leur reste ; leur air effarouché, leur agitation, leur violent remuement, les désignent coupables au premier abord : fixez-les, et sans hésiter, vous les jugerez criminels, et perdus sans ressource.

Citoyens républicains, mes chers frères, cœurs sensibles, vrais amis de la patrie, il est temps de s'éveiller, et de prendre cette fermeté mâle et énergique qui caractérise les grandes ames ; on conjure contre nous, on voudroit nous séparer pour nous égorger avec aisance : soyons unis par une confédération fraternelle et cordiale ; faisons cause commune avec nos braves et généreux frères d'armes : et enflammés d'un pur esprit de justice, d'égalité et de bien public, jurons tous sur l'autel sacré de la patrie, que pour nous conserver la liberté, nous terrasserons tous nos ennemis, ou nous périrons tous ensemble.

Malheur à ceux, s'il peut s'en trouver, qui oseroient enfreindre ou oublier un tel serment !

Et toi, société populaire, dont je suis flatté d'être membre, toi nouveau rempart de la liberté et de l'égalité renaissantes ; toi terrible fléau des tyrans et de leurs satellites, continue tes peines nombreuses ; réitère tes soins vigilans, ta surveillance active ; tiens les yeux ouverts sur tous, et même sur tes enfans ; promets des récompenses à ceux qui découvriront un traître ou un faux patriote, encore plus dangereux, et dispose même à cet effet, s'il le faut, de tout mon patrimoine :

Occupe-toi de discussions importantes, retranche les motions frivoles, qui ne servent qu'à te faire perdre un temps précieux ;

Sollicite, et force même par les voies légales les pouvoirs constitués à leurs devoirs, s'ils s'en écartent ;

Demande-leur d'éloigner de ton sein, d'expulser de la ville tous ces réfractaires aux lois du pays, et toutes ces personnes sans aveu, que nos ennemis y versent pour y semer, y exciter, y favoriser les troubles.

Presse-les de dissoudre tous ses repaires d'oisiveté et de corruption, siéges du plus révoltant fanatisme ;

Dis-leur d'obliger au travail tous ces fainéans, qui étant la perte des sociétés politiques, sont la source de tous les maux.

Indique-leur les maisons et boutiques où se tiennent les conférences contre-révolutionnaires, les propos incendiaires et inciviques, afin qu'en les sachant ils puissent les surveiller et les surprendre.

Fais-enfin connoître à la patrie et ses amis, et ses ennemis, pour qu'elle embrasse, chérisse, et protége les uns, et en détestant les autres, puisse les dévouer à l'exécration publique, et même les anéantir pour toujours.

Sers-toi pourtant en tout ceci de la plus exacte et modérée circonspection, pour ne pas compromettre l'innocence ; épargne sur-tout ce pauvre peuple, toujours bon par sa nature, toujours dupe de l'astuce et de la supercherie des fripons, qui ne devient brutal que lorsqu'il est égaré par des perfides.

Mais si par hasard tu voyois la patrie en pressant danger, ou les partisans de la cause commune, rappelle toi que le salut du peuple est la première des lois ; rallie tes enfans, implore au besoin les secours de tes sœurs magnanimes, élève-toi en masse gigantesque, et frappe à grands coups de ta massue énorme ce monstre à plusieurs têtes, dont les plus hideuses et les plus à craindre sont l'aristocratie et ses élèves, l'hypocrisie et ses fauteurs, le fanatisme, la superstition et ses suppôts, la chicane, l'oisiveté et l'ignorance.

Tu pourras perdre peut-être quelques-uns de tes chers et affectionnés fils, qui suivant l'ordinaire seront sans doute victimes fortunées de la lâcheté, de la perfidie, de la scélératesse de tes vils ennemis ; n'importe : de tels héros vivront à jamais pour la gloire, et tu seras assez heureuse, si par ce moyen, néanmoins bien fatal, tu pourras, une fois pour toutes, purger la terre de ces êtres abominables, qui depuis tant de siècles dégradent la nature humaine, et déshonorent la divinité.

P. S. A cause d'un rhume qui m'a tenu quelque temps au lit, je n'ai pu assister aux assemblées communales qui ont eu lieu dimanche dernier, 24 du courant, et jours suivans, et les détails ci dessus, qui doivent sans doute donner lieu à casser le tout, comme illégal, inconstitutionnel, de fort mauvais exemple, et très-dangereux pour la cause commune, ne me sont parvenus que par le rapport d'autrui, et comme notoires.

La voix publique m'annonce encore que les malveillans, entre lesquels plusieurs

fonctionnaires

fonctionnaires publics, pour détruire l'utile impression sur les esprits de mes précédentes adresses, ont ébruité que le général de l'armée m'avoit fait, à cet égard, de si vifs reproches, que j'en avois été malade : la présente suffira pour prouver la fausseté d'une si méchante assertion, et pour démentir ces infames agitateurs du peuple.

J'apprends aussi que quelques téméraires se sont avisés de dire qu'ils se seroient défaits d'un sujet qui les ennuyoit ; en méprisant leurs folles menaces, je les préviens qu'ils ne perceront impunément mon sein, comme ils ont poignardé mes écrits, et que tant qu'ils agiront ou feront contre ma patrie, je ne les épargnerai pas de ma plume, forcé à cela par le devoir précis de citoyen (supérieur à tout autre), et non par humeur ou animosité, comme on a méchamment supposé.

Peuple de Nice, toi qu'on veut tromper et à qui l'on voudroit rendre un sort déplorable, si à présent je te déplais et je suis un objet de ton courroux, un jour tu béniras mon nom, et tu auras eu horreur les agitateurs qui t'égarent!

Nice, le 28 mars 1793, l'an 2 de la République française.

DABRAY.

N°. XI.

Illmo. sig., sig*. Prone Colmo.*

Torino, li 22 febb°. 1793.

E veramente strano, ed impudentissimo il discorso stampato, e sotto-scritto Dabray, che VS. Illma. mi ha trasmesso.

Mi restringo ad accusarlene la ricevuta, ed a ringraziarla dell' attenzione avuta in trasmettermelo, ed ho l'onore di Annoverarmi con distint ossequio.

Di VS. Illma,

Div°. obbl°. sen°., GRANERI.

S. presid. ct. Corvesy, BORGOS-DALMAZZO.

N°. XII.

LIBERTÉ.   ÉGALITÉ.

F. Ferogio, au citoyen Dabray, représentant, membre du Conseil des Cinq-Cents.

Nice, 5 vendémiaire, an 8 de la République.

Citoyen,

Le citoyen Gastaud, persuadé peut-être que j'étois tombé entre les mains des agens du roi de Sardaigne, et dans l'impossibilité de connoître les ressorts honteux qu'il ne cesse d'employer pour la défense des voleurs, a osé attaquer ma réputation dans une misérable brochure.

J'ai réussi à m'échapper des griffes des tyrans de Piémont, je ne veux être en butte à celles d'un vil imposteur de Nice. J'ai dressé par conséquent une petite réponse à ses pamflets que je vous envoie. Vous pouvez lui donner toute la publicité que vous jugerez à propos.

Soyez sûr que vous obligerez tous les amis de la vérité et de l'ordre social. Salut et fraternité.

Signé, F. Ferogio.

N°. XIII.

F. Ferogio au citoyen Gastaud

Nice, 5 vendémiaire, an 8 de la République.

Citoyen,

J'ai lu la première réponse que vous avez faite au citoyen Dabray. On ne peut s'empêcher de rendre hommage à vos talens. Les sottises et les vilainies qui coulent de votre plume doivent persuader tout le monde que vous étiez fait pour les libelles infamatoires.

Mais avez-vous fait attention, citoyen, à tout ce que vous avez écrit? Etiez-vous persuadé, dans votre conscience, des assertions gratuites que vous avez avancées? Vous me permettrez d'en douter, puisque ce seroit vous supposer dénué du sens commun le plus ordinaire.

Venons aux faits. Je ne veux vous parler ni du citoyen Dabray, ni du citoyen Massa, ni de tous ceux que vous attaquez à tort et à travers. Je ne vous parlerai que de ce qui me regarde. J'userai même de ces ménagemens que vous ne connoissez pas, et qui sont cependant naturels à tous ceux qui ont reçu une éducation.

Votre longue diatribe, à quoi se réduit-elle? A défendre les citoyens Scudery et Oberty, administrateurs destitués et renvoyés pardevant les tribunaux, des griefs qu'on a portés contre eux. Quels sont vos moyens de défense? un déluge d'injures et de vilainies de tout genre contre moi. Les ai-je accusés? Mon témoignage ne parle de ces deux citoyens que par la bouche de Payany. Il falloit donc se borner à réfuter Payany, et détruire par là les assertions très-fortes qui les accusent. Vous n'avez fait rien de tout ça. Au contraire, vous dites assez clairement (*pag. 24*) *de vouloir séparer la cause de ceux-ci de celle du citoyen Payany, et qu'on ne trouvera, ni dans vos écrits, ni dans vos propos, aucune trace qui indique que vous ayez pris sa défense.*

Vous dites, même de plus (*pag.* 43, 44), *que vous n'avez jamais voulu admettre ni contester dans aucun temps qu'il y ait eu entre Ferogio et Payany quelque intelligence ou convention pour la radiation Lascaris.* Comment voulez-vous donc détruire les griefs qui sont portés contre vos deux cliens, si vous n'osez pas parler de Payany, qui est effectivement leur accusateur?

Pour atténuer le fait, et pour voiler les dilapidations constatées qui ont eu lieu à l'égard de Lascaris, vous accolez tantôt à moi, tantôt à moi et Bensa, puis à moi et Massa, puis encore à Dabray le vol de l'argenterie Lascaris. Mais où avez-vous appris l'art de raisonner ? Savez-vous bien que toutes ces contradictions grossières prouvent au moins la mauvaise foi du défenseur, et la mauvaise cause des cliens ?

Que ne vous dirois-je pas à cet égard, si mon but étoit de relever en détail tous les mensonges de votre misérable plaidoyer ?

Je veux me borner à vous indiquer les plus saillans, pour avoir l'honneur de vous donner un démenti solemnel.

Vous avez menti, lorsque vous avez voulu persuader le public, que le citoyen Alexandre Massa, frère au commissaire central, de concert avec le citoyen Millo (de Peille) s'étoit emparé de tout l'argent dont il est question dans la déclaration par vous étalée des domestiques du feu Lascaris.

Pouviez-vous ignorer, citoyen, que cet argent avoit été consigné par Alexandre Massa au marquis d'Odalengo, Piémontais, neveu au défunt, et qu'il fut ensuite cause d'une procédure qui n'est pas encore terminée, entre le marquis d'Odalengo et madame Piossasque, qui en demande le partage ?

Vous ne pouvez absolument ignorer cette circonstance, puisqu'on vous a informé de tous les détails relatifs aux sommes qu'Alexandre Massa avoit consignées au marquis d'Odalengo; et on vous a consulté, de la part de madame Piossasque, sur les moyens d'en obtenir le partage. C'est mon beau frère, Iano, qui a rempli, en nivose an 6, cette mission auprès de vous. Il étoit porteur d'une lettre de recommandation, que vous adressoit le citoyen Jacob, alors chargé d'affaires de la République française à Turin.

Vous avez menti dans le petit roman que vous avez combiné pour vous débarrasser du carosse Lascaris. Où est le reçu des 144 francs, que vous dites m'avoir payés, pour être déchargé de toute obligation, en ce qui pouvoit concerner votre portion ? Pouvez-vous nier que le carosse n'ait été vendu à Paris pour 408, et que votre propre domestique, Suquet, n'ait été le courtier, et n'ait eu, pour dédommagement de ses peines, 24 francs en numéraire ?

Vous avez menti aussi, lorsque vous avez avancé que j'ai obtenu de réformer une partie de mon rapport, pour parler de la lettre que Payany m'a forcé de vous écrire. Mon témoignage a été fait tout d'un coup; et si le directeur du jury ne l'a fait signer que dix-huit ou vingt jours après la publication de l'arrêté de destitution, la faute est du directeur même, qui a voulu, dans cet intervalle, prévenir les accusés de tous les détails.

Vous avez menti, lorsque vous avez avancé que vous n'aviez jamais entendu parler du fait de l'argenterie Lascaris que par la lettre que je vous ai écrite d'après les menaces de Payany. Voulez-vous une preuve très-évidente du démenti que vous me forcez à vous donner ? Je vais la puiser dans la réponse du 16 fructidor an 6, que vous avez faite à ma lettre précitée. En voici le commencement. *J'étois déjà PRÉVENU, citoyen, du bruit qui se répand à Nice sur le compte de quelques administrateurs*. L'original de votre lettre fait nombre des pièces de la procédure.

Cette preuve matérielle confirme de plus en plus les détails de mon témoignage,

G 2

et donne même le droit d'inférer que, convaincu d'une part de la consommation du délit, et intéressé de l'autre à sauver les complices, vous ayez suggéré à Payany de se préparer un tel moyen de défense.

Vous avez menti, lorsque vous avez dit que je n'ai voulu accuser Donny, parce qu'il étoit protégé du citoyen Tiranty, mon procureur délégué, et parce que j'étois son débiteur de la somme 480 francs.

J'ai excepté dans mon témoignage le citoyen Donny, par la même raison que j'ai excepté le citoyen Trémois. Payany, qui n'osoit apparemment proposer le partage de son crime à ces deux administrateurs, m'a dit maintes fois que Donny et Trémois devoient absolument ignorer le fait de l'argentérie Lascaris.

Tiranty n'a jamais vu mon rapport, et il n'avoit d'ailleurs aucun droit d'influencer la vérité.

Ce n'est pas au citoyen Donny que je devois 480 fr.; c'est à la maison Leclerc, pour argent qu'il m'avoit compté à Paris. Je les ai remboursés très-exactement, à mon retour à Nice; car je n'ai jamais été dans l'usage de payer mes créanciers, comme vous faites, avec de mauvaises chicanes.

Le reçu que j'en ai retiré en due forme pourra vous convaincre à l'occasion.

Vous avez menti, lorsque vous avez impudemment avancé que Ferogio étoit le dénonciateur et l'accusateur de vos messieurs. Ils étoient dénoncés, il y avoit long-temps, par l'opinion et la clameur publiques.

Deux pièces originales étoient entre mes mains, qui, attestant leur friponnerie, mettoient ma comptabilité à l'abri. Elles m'ont été demandées par qui de droit, d'après les démarches qu'on avoit faites à Turin, et que j'ignorois parfaitement. J'ai consigné ces deux pièces, parce que je ne pouvois m'en dispenser. Je les ai consignées telles qu'elles étoient, ignorant absolument l'usage qu'on en vouloit faire; je les ai consignées sans les accompagner d'aucun récit, ni sur la nature des pièces, ni sur les motifs qui les avoient occasionnées.

Ce n'a été que d'après l'arrêté de destitution, que je fus appelé pardevant le directeur du jury de l'arrondissement de Nice, et que j'y ai fait ma déposition en qualité de témoin.

Vous avez menti, lorsque... mais je perdrois trop de temps, si je voulois combattre tous les mensonges dont fourmille votre écrit fameux. Il n'en mérite d'ailleurs pas la peine.

Au surplus, je dois vous prévenir que, si jamais votre mauvais génie vous portoit à vomir contre moi des nouvelles injures, le seul langage que vous connoissez, vous pouvez compter d'avance sur mon silence: c'est la seule réponse digne de vous. La lune, d'après la fable, ne répond pas autrement aux chiens qui lui aboient.

Salut républicain,

Signé, F. Ferogio.

N°. XIV.

Dabray, Joseph Séraphin.

C. Section des Arènes de Simié,	N°. 60. Terre en colline avec maison.	14 septées. maux.l.	196 l.	
Idem.	113. Terre en colline avec maison	5	70	
D. Section du Temple	94. Terre en plaine avec pré et maison . . .	10	300	
Idem.	95. Terre en plaine . .	5	150	
E. Section de la Clue,	23. Terre en plaine avec deux maisons . . .	12	360	
L. Section des Grenouilles,	151. Champ semable avec des vignes	3 2	43 15 s.	
Idem.	496. Champ	14	7 8 9	

Total . . 1,127 3 9

Taxé au rôle définitif de l'an 7, article 764.

En principal et fonds communs . . . . 285 f. 51 c.
En centimes additionnels 62 54
En fonds de subvention 27 18

375 f. 23 c.

Et en frais de perception 3 14

Total . . 378 f. 37 c.

N°. XV.

Extrait de la matrice provisoire de rôle de la contribution foncière de l'an 5, article 1,055. André Gastaud et son épouse.

A. Section de Mont-Alban, n°. 46. Terre en plaine sans maisons et en friche de la contenance d'une setterée et six moturaux provenant du bénéfice de Sainte-Rosalie à 12 fr. la setterée . . . . 16 fr. 10 c.

B. Section de Paillon, n°. 221. Terre en plaine avec maison provenant de l'ex-moine Prioris, de trois setterées à 7 fr. la setterée 21

C. Section des Arènes de Simié, n°. 181. Terre en colline avec maison provenant de l'émigré Dominique Ruffi, de vingt-quatre setterées, à 6 fr. la setterée 144

D. Section du Temple, n°. 315. Terre en colline avec maison provenant de l'émigré Ludovic Ginglaris, de trente-cinq setterées, à 6 fr. la setterée 210

Même section, n°. 438. Terre en plaine avec deux maisons provenant de Ribotti, de seize setterées, à 15 fr. la setterée . . 240

H. Section de Baccus, n°. 139. Terre en colline avec maison provenant de l'émigré Cotti, de quarante-trois setterées, à 3 fr. la setterée 129

I. Section de la Mer, n°. 20. Terre en colline et en plaine avec maison provenant de Rainaut de Saint-Albert, de vingt-une setterées, à 8 fr. la setterée 168

Même section, n°. 25. Terre en plaine avec maison provenant de la rectorie de Sainte-Héleine, de dix-neuf setterées et onze moturaux, à 12 fr. la setterée 236   5

Même section, n°. 27. Terre en colline et en plaine avec maison provenant des ex-pères Minimes, de seize setterées, à 9 fr. la setterée 144

Même section, n°. 29. Terre en colline avec deux maisons provenant des frères Trinquieri, de vingt-deux setterées, à 9 fr. la setterée 198

Même section, n°. 34. Terre en colline provenant de Lascaris-Vintimille, d'une setterée, à 12 fr. la setterée 12

Même section, n°. 35. Terre en colline et en plaine avec maison de neuf setterées, n°. 35, à 9 fr. la setterée 81

Total . . 1,599 f. 15 c.

Somme ci-devant . . . 1,599 f. 15 c.

L. Section des Grenouilles, n°. 94. Terre en plaine de la contenance de six setterées, à 8 fr. la setterée 48

Même section, n°. 102. Terre en plaine de quatre setterées, à 8 f. la setterée 32

Même section, n°. 357. Terre en plaine de deux setterées, à 8 fr. la setterée 16

Même section, n°. 369. Terre en plaine d'une setterée, et huit moturaux et demi, à 8 fr. la setterée 12   5

Même section, n°. 395. Terre en plaine provenant de l'émigré Cotti, de quatre setterées et sept moturaux, à 8 fr. la setterée 35 10

Même section. n°. 437. Terre en champ sémable de la contenance de deux setterées et onze moturaux, à 8 fr. la setterée 21

Même section, n°. 469. Terre en champ sémable d'une setterée et sept moturaux, à 8 fr. la setterée 11 10

N. section dite Sainta-Reparade, n°. 15. Maison, n°. 7, isle 18, rue du Droit de l'Homme, provenant de l'évêché, composée d'une boutique, premier étage et une jacobine, de produit net . . 135

Même section, n°. 19. Maison, no. 8, isle 18, rues du Droit de l'Homme et Boulangerie, composée d'une cave, deux boutiques ou magasins, et 6° étage provenant comme dessus, produit net 120

Même section, no. 82. Maison, no. 16, dite 90, rues la Boucherie, et la Morale, provenant du ci devant chapitre, composée de deux boutiques, trois étages et deux jacobines, de produit net 176

Total . . . . 2,207 fr.

Délivré pour le commissaire du Directoire exécutif près l'administration centrale.

Signé, Calvi, *chef de bureau.*

Certifié véritable l'état ci-dessus par l'administration municipale du Nice.

Signé, Emanuel, *président.*

Fau, *administrateur municipal.*

Seguin, *administrateur municipal.*

N°. XVI.

Gastaud, André et son épouse.

A. Section de Mont-Alban,	N°. 42. Terre en plaine,	1 sepées. 6 m.aux. l.	13 f. 15 c.
B. Section de Paillon,	223. Terre en plaine avec maison 3		54
C. Section des Arènes de Simié,	182. Terre en colline avec maison 24		204
D. Section du Temple	326. Terre en colline avec maison 35		192 10
Idem.	446. Terre en plaine avec maison rurale, n°. 2; un four et une civile . 16		432
H. Section de Baccus,	139. Terre en colline . . 43		172
I. Section de la Mer,	20. Terre en plaine et en colline avec maison . . 21		378
Idem.	25. Terre en plaine avec maison 19 11		354 7 6
Idem.	27. Terre en plaine et en colline avec maison . . 16		288
Idem.	29. Terre en colline avec deux maisons 22		396
Idem.	34. Terre en colline . . 1		24
Idem.	35. Terre en colline et en plaine avec maison . . 9		162
L. Section des Grenouilles,	141. Terre en plaine . . 3 12		52 10
Idem.	149. Terre en champ avec vigne . . . . . . 5 et demi		77
Idem.	150. Terre idem. . . . 1 10		22 15
Idem.	393. Terre idem. . . . 2 4		19 2 6
Idem.	614. Terre idem. . . . 4 10		64 15
Idem.	618. Terre idem. . . . 2 2		29 15
N. Section Ste.-Réparado,	15. Maison, isle 81 . —		125
Idem.	19. Maison, isle 81. —		215
Idem.	88. Maison, isle 90. —		260

Total . . . 3,536 f. 10 c.

Taxé au rôle définitif de l'an 7, article 988.

En principal et Fonds communs . . . . 895 f. 76 c.
En centimes additionnels 196 22
En fonds de subvention 85 32
                                                                            1,177 f. 30 c.
Et en frais de perception 9 80

Total . . 1,187 f. 10 c.

N°. XVII.

N°. XVII.

Copie du billet écrit par Payany à Ferroggio.

Je t'attends, mon cher ami; huit heures et demie à peine sonnent. Si la corbeille n'est pas trop pesante, remets-la à la porteuse du présent.

Au revers du billet : Pour le citoyen Ferroggio, au troisième étage de l'hôtel des Quatre-Nations.
Nice.

Pour copie conforme à l'original écrit en entier de la main du citoyen Payany, pour lors administrateur du département des Alpes-Maritimes.

Signé, Feroggio, fondé de pouvoir de madame Piossasco née Lascaris.

N°. XVIII.

Paris, le 12 prairial an 6 de la République française, une et indivisible.

La députation des Alpes-Maritimes au ministre de la Police générale.

Citoyen ministre,

Notre département est un de ceux qui ont le plus d'inscrits sur la liste d'émigrés. Quelques-uns d'entre eux y ont été portés par erreur, et beaucoup d'autres sont dans des cas exceptés par les lois. Nous voyons avec peine que deux seuls aient été jusqu'à présent définitivement rayés, et que les derniers bulletins des demandes en radiation n'en comprennent aucune, quoiqu'elles soient fort nombreuses.

Malgré notre répugnance à nous intéresser pour de semblables affaires à l'égard desquelles nous avons souvent appelé l'attention du gouvernement en sens contraire, nous croyons de notre devoir de vous observer, citoyen ministre, que le bien public, et la tranquillité de notre pays, exigent que les innocens ne restent plus confondus avec les coupables, et que justice soit rendue aux premiers.

Nous vous prions en conséquence, citoyen ministre, de vouloir bien vous occuper au plutôt possible d'eux, et sur-tout de ceux désignés dans la liste ci-jointe. Il seroit même convenable de les mettre, en attendant, sous la surveillance des autorités locales, ne pouvant leur demande souffrir la moindre difficulté.

Salut et fraternité.

Signé, DABRAY, GASTAUD.

Dabray. H

Nº. XIX

Nice, le 5 vendémiaire l'an 7 de la République française, une et indivisible.

Dabray, du Conseil des Cinq-Cents, à son collègue Gastaud, de celui des Anciens.

Très-cher collègue,

Vous connoissez les démarches que la députation a faites contre les émigrés du département. Vous savez en outre que les principes de justice qui la dirigent l'ont déterminée à solliciter du gouvernement la mise en surveillance, et la radiation définitive de ceux qui, par erreur inscrits, ou forcés à sortir dans des circonstances difficiles, ont été rappelés, et se sont bien conduits. Il auroit été à désirer qu'on eût accueilli la demande appuyée par toutes les convenances, ce qui auroit fait disparoître le scandale de voir que la seule surveillance qu'on ait accordée, soit en faveur de la fille de la ci-devant comtesse Foucard de la Roque, compromise dans la correspondance de son frère qui a porté les armes contre la patrie.

Ne cessez de rappeler au ministre de la police générale, et au Directoire exécutif lui-même, qu'il est de l'intérêt du pays, et de la chose publique, que les innocens ne restent plus confondus avec les coupables, et que justice soit enfin rendue aux premiers.

Salut et attachement.

Signé, DABRAY.

Nº. XX.

Nice, le 15 brumaire l'an 7 de la République française, une et indivisible.

Le représentant du peuple Dabray en congé à Nice, sa patrie, au Directoire exécutif.

Citoyens Directeurs,

Il vient de partir pour Paris un certain Jean-Charles Martel, que je crois de mon devoir de vous faire connoître. Cet individu, jadis membre de la cour des aides de Montpellier, devint ensuite militaire ; et, ayant tué en traître son major, fut condamné à mort par défaut, et se refugia à Nice. L'inconduite qu'il y tint le fit retirer à Menton, où il épousa Anne Clavesan, sœur de la maîtresse du ci-devant prince de Monaco.

Lorsqu'avant l'entrée des Français dans Nice les émigrés y étoient puissans, il s'y rendoit en cocarde blanche pour les voir : il étoit lié avec eux, et on m'a même supposé qu'il recrutoit pour leur compte.

En 1793, il mit cabaret dans la grande rue de cette commune, et vendoit en détail du vin aux frères d'armes ; et après il a occupé le premier étage de la maison Spitalier, appartement superbe où le gouverneur de Turin (St.-André) logeoit pendant qu'il étoit commandant-général de ce ci-devant comté. Tour-à-tour royaliste ou démagogue, il a fourni la preuve d'être un homme dangereux, ou tout au moins un intrigant dont on doit se méfier. On assure que son voyage, pour lequel il a ramassé plusieurs centaines de louis (car il est parti tiré à six chevaux), a deux objets ; le premier de se plaindre de l'administration centrale et de quelques membres en particulier ; le second d'agir en faveur des émigrés, et sur-tout pour la famille Foucard, dont une des filles lui a récemment tenu un enfant au baptême. Mon séjour à Nice m'a de plus en plus convaincu des écarts de ladite administration et de la justice des destitutions que la députation a provoquées : elle est si mal formée que, sur le refus du médecin Lyons, j'ai eu toute la peine à engager le négociant J. B. Guide, dont les lumières, la probité et le patriotisme sont connus, d'accepter sa nomination, et je suis incertain s'il continuera à la remplir ; au reste le commissaire près d'icelle, notre ancien collègue Massa, comme plus au courant de ces griefs, pourra vous donner des renseignemens plus précis.

Quant à la famille Foucard, il me suffira de vous observer de nouveau que c'étoit chez elle que, du temps de Béfroy et Chiape, se tenoit le comité piémontois qui proscrivit généralement tous les Niçois attachés à la République française, et qu'elle a toujours fait mauvais usage de ses richesses et de ses appas. Rappelez-vous, citoyens Directeurs, qu'elle parvint à faire rayer définitivement par le comité de législation un frère qui portoit encore les armes contre la patrie ; qu'elle a obtenu en outre qu'un autre frère fût provisoirement rayé comme étudiant, tandis qu'il étoit déjà, avant la révolution, docteur en droits, et employé au bureau de l'avocat-fiscal-général ; qu'elle fit révoquer par le ministre Cochon le séquestre de ses biens ordonné par son prédécesseur ; qu'elle a enfin eu la première une surveillance, quoique émigrée de fait, et compromise dans une correspondance interceptée par la poste militaire quelques jours avant le 18 fructidor, et vous auriez un foible essai de ses manœuvres.

Je vous soumets, citoyens Directeurs, tous ces détails dont je vous garantis la véracité : vous aurez aux mêmes les égards que, dans votre sagesse, vous jugerez convenables.

Salut et fraternité.

Signé, DABRAY.

N°. XXI.

Dabray, du Conseil des Cinq-Cents, à M. le chevalier Revel, ambassadeur du roi de Sardaigne.

Monsieur,

Je viens de recevoir la lettre que vous m'avez écrite, et je m'empresse d'y répondre en vous observant, Mr., que les lois même constitutionnelles et les traités en ont déja rempli l'objet, et qu'ainsi toute entrevue y relative devient inutile; d'ailleurs le gouvernement, qui doit en connoître et y pourvoir, saura dans sa sagesse rendre justice à un chacun, et fermer les plaies profondes que les ennemis de la République ont faites au département des Alpes-Maritimes.

Salut et fraternité.

Signé, Dabray.

N°. XXII.

Dabray, du Conseil des Cinq-Cents, au Directoire exécutif.

Citoyens Directeurs,

L'ambassadeur du roi de Sardaigne vient de m'écrire relativement aux émigrés de Nice : je soumets à votre sagesse copie de sa lettre et de ma réponse, pour ce qui regarde sa famille, qu'il prétend être devenue piémontaise en 1790. Le général d'Anselme qui, lors de l'entrée des Français, occupa ses appartemens au deuxième étage de la maison Saint-Pierre, pourra vous donner des renseignemens positifs.

Salut et fraternité.

Signé, Dabray.

N°. XXIII.

Paris, le 14 brumaire l'an 6 de la République française, une et indivisible.

Dabray du Conseil des Cinq-Cents, au Directoire exécutif.

Citoyens Directeurs,

Dans le grand nombre d'ex-nobles que la commune de Nice renfermoit avant que l'armée française y entrât, on y comptoit sur-tout quatre familles du pays, qui, par leurs richesses et leur éclat, s'étoient alliées avec plusieurs autres de la ci-devant Provence et comtat d'Avignon ; savoir ,

Celle de Thaon de Saint-André et Révél avoit épousé la sœur de l'ex-duc de Guadagne ; celle de Torrini de Fougassières, la fille de l'ex-marquis de Pierrefeu ; celle de Spitalier de Cesole, la fille de Riper-de-Monclar, ex-procureur-général au ci-devant parlement d'Aix, et celle de Foucard de la Roque, la veuve Riquetti Mirabeau, née Marignane.

Un intérêt commun les coalisa aussi contre la révolution, et les fit émigrer avec tous ceux qu'ils entraînèrent. L'ex-chanoine Torrini, l'oncle et la fille Foucard, femme Ramini, restèrent à Nice pour y manœuvrer sans relâche. La mère Foucard, née Poullailler, de Marseille, et Spitalier le père, rentrèrent ensuite avant l'expiration du délai fatal, et joignirent leurs intrigues à celles des autres : dès-lors le département fut tout bouleversé ; les laboureurs et les ouvriers s'émigrèrent pour renforcer sous Saorge les austro-sardes, commandés par Charles François Thaon-de-Saint-André le père, qui avoit sous ses ordres ses fils, Foucard l'aîné, et plusieurs frères Torrini, et on organisa les barbets, qui, même après la paix, n'ont cessé de ravager le pays, d'assassiner une immensité de Français, et de désoler leur armée en leur enlevant les convois, et en leur égorgeant les avant-postes.

D'après des faits si constans et notoires, on a peine à concevoir que la mère Foucard soit rentrée dans la pleine et entière jouissance de tous les biens de son mari, mort en Piémont dans son fief, avant que le terme qui l'obligeoit à rentrer fût expiré ; lorsqu'en supposant qu'il eût encore pu en disposer et laisser l'usufruit à sa femme, il auroit toujours fallu en assurer la propriété, et prélever sur les fruits la portion nécessaire au maintien des enfans émigrés.

Que Honoré Marie Foucard son fils aîné, quoique sorti du département après le 27 septembre 1792, ait été rayé définitivement comme étranger par le comité de législation au moment même où, en qualité de major du régiment provincial de Nice, il portoit encore les armes contre nous ; et son épouse veuve Riquetti-Mirabeau, née Marignane, fût à Aix il y a environ cinq décades ;

Que Julles Foucard son frère fût rentré comme étudiant lorsqu'avant sa sortie il étoit déja docteur en droits, et employé au bureau de l'avocat-fiscal-général de Nice ;

Que Rosalie Foucard sa sœur, qu'on a faussement supposé être sortie pour cause d'éducation, soit rentrée, et ait été mariée, dans des vues secondaires, avec le citoyen Bovet, directeur de l'enregistrement et du domaine national ;

Que la veuve Spitalier, née Monclar, après la mort de son mari, fût rentrée avec toute sa famille, sous prétexte qu'elle fût aussi sortie pour cause d'éducation, lorsque fort peu des enfans étoient dans ce cas, et tandis que des lettres saisies et envoyées à la police avoient découvert la menée ;

Qu'enfin la famille Thaon-de-St.-André et Revel ait obtenu que la vente de ses biens fût suspendue, malgré qu'elle n'eût pas même réclamé en temps utile ; et le puîné des enfans, le même qui avoit tenté en 1793 de faire corrompre le commandant du Fort Hercule, fût au 18 fructidor dernier dans le département pour y épouser l'aînée Spitalier.

Déja, lors de votre installation, vous ordonnâtes, sur ma demande, que le séquestre seroit réapposé sur les biens de la famille Foucard, ce qui fut exécuté; mais l'ex-ministre Cochon, par lettre chargée, en prescrivit la révocation en dépit du contenu dans la pièce ci jointe.

Déja, par suite de mes démarches, vous renvoyâtes de Rével, fils puîné, que le roi de Sardaigne vous avoit envoyé pour ambassadeur.

Déja, à plusieurs reprises, le hasard, et des accidens imprévus ont dévoilé les trames de ces quatre familles, et le gouvernement a donné des ordres à leur égard; mais on n'a jamais empêché qu'elles ne suivissent du même système de contre-révolution, et fissent, par leur influence, un mal incalculable dans ces contrées, celle de St.-André sur-tout dont le père est gouverneur de Turin, où il vexe les Français qui s'y rendent, comme il en résulte par la copie de lettre que j'ai annexée à la première, où il prend dans ses proclamations les titres de fiefs supprimés par la réunion de mon département à la République française, et où il a mis en usage, pour comprimer les élans de la liberté, les mêmes principes et le même plan de l'Angleterre à laquelle il est dévoué depuis qu'il contracta, dans sa qualité de commandant-général du ci-devant comté de Nice, des liaisons intimes avec le duc de Glocester et quantité de lords qui venoient y hiverner étant redevable à leur bienveillance et bienfaisance de ses emplois successifs, et de sa nouvelle fortune.

Un tel exposé, dont les ministres de la police générale et des relations extérieures ont déja connoissance, et les preuves à l'appui que je lui ai transmises par mes lettres, et entr'autres par celles du 3, 7, 12 et 15 vendémiaire échu, vous détermineront sans doute, citoyens Directeurs, de vous en faire rendre compte, et d'ordonner que les biens de la famille Thaon, ci-devant comte de St.-André et Revel, seront vendus sans délai; que le séquestre sera mis sur ceux des ex-comtes Foucard et Spitalier, qui, avec les restans de la famille Torrini-de-Fougasières, seront aussi aliénés, à l'exception de ce qui peut appartenir à la mère Foucard, à sa fille, femme Ramini, et à ceux des enfans Spitalier qu'on ne regardera pas émigrés avec leur mère: par ce moyen vous leur ôterez tout espoir de troubler encore un malheureux pays auquel vous donnerez un exemple salutaire.

Salut et fraternité.

Signé, Dabray.

N°. XXIV.

Projet d'arrêté rédigé par Oberty, administrateur du département des Alpes-Maritimes.

Considérant que l'empressement que Lascaris a témoigné de quitter le pays, où les défenseurs de la liberté venoient pour abattre le despotisme, et la facilité qu'il a eu de vaincre les obstacles d'une impossibilité constatée, sous les yeux mêmes des autorités constituées, pour se soustraire aux rigueurs de la loi du 19 fructidor, et aux poursuites des magistrats qui en étoient l'organe, dont l'humanité étoit un problème aux yeux de tous ceux qui . . . . et des principes qui, dans tout ce qui étoit originairement d'une classe dépravée et immorale, a prouvé à l'évidence que l'impossibilité avec laquelle ledit Lascaris a prétendu justifier sa non-conformité à la loi qui prescrivoit de rentrer sur le sol de la République, dans le délai de . . . . n'a été qu'un prétexte spécieux pour mettre le pied sur une terre qu'il avoit lâchement abandonnée;

Considérant que le délai qu'il suppose obtenu de l'administration départementale, dans le cas qu'il existât, ne pouvoit jamais servir de titre contre les dispositions expreses d'une loi;

Considérant que l'indifférence dans laquelle a demeuré ledit Lascaris, sur toutes les démarches relatives à sa radiation, contre laquelle il n'existe aucune réclamation légale, prouve qu'il n'a eu d'autre but que de conserver aux yeux des despotes coalisés le titre honorable d'émigré, dans le temps qu'au moyen d'une entrée frauduleuse il étoit parvenu à s'assurer la jouissance des biens qui n'auroient jamais dû sortir des mains de la République, pour être employés au soutien de la cause de la liberté;

Considérant que la demande dudit Lascaris ne tend à rien moins qu'à faire une exception à la loi du 25 brumaire, dont la moindre infraction est un pas au renversement de la constitution qui l'a consacrée;

Considérant enfin, qu'aux termes de cette même loi, les doutes qu'on veut élever sur l'émigration de Paul Lascaris, n'ont d'autre but que d'ouvrir la libre entrée à tous les émigrés de ce département, qui ne manqueroient pas de prétextes encore plus spécieux pour en éluder les dispositions, et qu'il est du devoir de l'administration centrale de prouver la volonté invariable dans l'exécution d'une loi à laquelle est attaché le sort de la République . . . Arrête que, etc.

Pour copie conforme à l'original, écrit en entier de la main du citoyen Oberty, pour lors administrateur du département des Alpes-Maritimes.

Signé, Fr. Férogio, fondé de pouvoir de madame Piossasco, née Lascaris.

N°. XXV.

LIBERTÉ.   ÉGALITÉ.

Nice, le cinquième jour complémentaire an cinq de la République française, une et indivisible.

L'administration centrale du département des Alpes-Maritimes, aux citoyens Dabray et Massa, membres de la députation du même département au Conseil des Cinq-Cents.

Les prévenus d'émigration de ce département, rayés provisoirement, dont la plupart laboureurs, artistes, et pères de nombreuses familles; en outre dépourvus des moyens pécuniaires, et de toute autre ressource, à qui il ne reste que la triste perspective d'aller mendier leur pain, ou de grossir la masse cruelle et barbare des Barbets qui infestent encore nos montagnes, quoiqu'en petit nombre, malgré les soins infinis que s'est donnés le vigilant citoyen Garnier, général-divisionnaire commandant la force armée.

Ces êtres désolés, à la réception de la loi du 19 fructidor dernier, qui les frappe et les oblige de sortir du territoire de la République, ont fait dresser un mémoire pour être présenté au Directoire exécutif, dans lequel ils ont tracé rapidement leur misère, et la très-pénible situation où les plongeoient les dispositions de ladite loi. Pour parvenir plutôt à apporter quelque soulagement à leur grande misère, ils se sont déterminés à députer vers vous le citoyen Audibert, homme de loi, et porteur de la présente, afin que dirigé par vos sages mesures et clairvoyans conseils, et d'après les ordres que vous lui donnerez, il fasse pardevant qui de droit toutes les démarches que vous jugerez nécessaires pour obtenir les fins prises dans ledit mémoire, sinon en tout, du moins en partie.

Ces citoyens, les larmes aux yeux et prêts à obéir sans murmurer au vœu de la loi, sont venus nous prier d'appuyer leurs réclamations, en demandant une lettre pour vous, à l'effet que vous voulussiez bien prendre en considération leurs démarches, et les seconder dans leur entreprise. Touchés de leurs maux et de leur misère, nous venons vous engager à vouloir bien avoir égard à leur état pénible et fâcheux; vous les connoissez aussi bien que nous: c'est ce qui nous donne de la confiance, et nous fait espérer que vous seconderez les démarches du citoyen Audibert.

Pères du peuple que vous représentez, votre amour pour votre mère-patrie et pour vos commettans est connu; il a souvent fait luire ses rayons, et votre zèle en faveur des infortunés est aussi actif que la confiance que vous leur inspirez est entière.

Vous n'ignorez pas que les prévenus d'émigration de ce département semblent mériter quelque considération de plus que ceux de l'intérieur, qui, malgré les dispositions favorables d'une infinité de lois qui les ont rappelées dans leurs foyers, ont mieux aimé fomenter et prendre les armes dans les pays ennemis que d'en profiter. D'ailleurs, depuis leur rentrée, ils ont été aveuglément soumis aux lois de la République, ont vécu paisiblement, et n'ont point troublé l'ordre public.

Enfin, malgré la pénurie la plus affreuse où ils se trouvent, ils ne laisseront point passer le délai porté par la loi, sans se soumettre aux peines qu'elle leur inflige. Persuadés, comme ils le sont, que la bonté de votre cœur vous portera à ne rien oublier pour leur procurer les moyens de rentrer paisiblement dans leurs foyers, et y soigner une mère, une épouse et des enfans, qui n'ont pour toute ressource que les bras de leur père.

Cet acte d'humanité de votre part, citoyens représentans, donnera un accroissement à l'estime de la patrie que vous méritez à tant de titres.

Salut et respect,

Signé, Payany fils, Donny, *président*; Scudery, Oberty, Hancy.

N°. XXVI.

LIBERTÉ. ÉGALITÉ.

Pour la vérité ; je soussigné, Victor Tiranty, défenseur officieux dans cette commune de Nice, déclare que, dans le mois de frimaire an 6, le sieur Jano, de Turin, arriva dans cette commune de Nice, avec des lettres de recommandation adressées au citoyen Gastaud, pour lui être utile dans l'affaire Lascaris ; et ledit sieur Jano, en qualité de fondé de pouvoir de la dame Constance Piossasque, vint me trouver dans mon bureau, et il me dit que le sieur Dodolengo, neveu *ex sorore*, du feu Jean-Paul-Augustin Lascaris, s'étant porté de suite dans le quartier de *Chiuse*, terroir de Vintimille, dans la maison d'habitation où ledit Lascaris étoit décédé, avoit prétendu s'emparer de l'argent, bijoux et argenterie, et enfin de tout ce que ledit Lascaris avoit laissé dans ladite maison du décès, ainsi de tout ce que le même avoit emporté et fait emporter de Nice, lorsqu'il fut obligé d'en partir en vertu de la loi du 19 fructidor an 5, quoique ladite dame Piossasque fût héritière pour la moitié dudit Lascaris, comme sa sœur, et quoique ledit Dodolengo ne fût cohéritier, avec ses autres sœurs, que de l'autre moitié, dont une de celles-ci étoit mariée avec le sieur Magno Cavallo, et cela sous prétexte que ledit Lascaris lui en avoit fait une donation par tradition et mains de Millo, qui l'assistoit dans sa maladie ; et par conséquent, il me chargea de me procurer tous les renseignemens qui pouvoient concerner cette prétendue donation, et si effectivement cette donation avoit eu lieu, il me demanda mon avis sur la légalité de la même.

Dans le mois de pluviose dit an 6, le sieur Magno Cavallo se porta dans cette commune : il me réitéra les mêmes demandes, et il m'assura que s'étant porté à Menton, pour s'informer près qui pouvoient se trouver les effets, argent, argenterie et bijoux que son oncle Lascaris avoit apportés dans ledit *Chiuse*, il avoit eu des données positives, comme ledit sieur Dodolengo, son beau-frère, avoit tout pris ce que Lascaris avoit laissé après sa mort, et ce qu'il avoit consigné et déposé, soit dans le *Chiuse* qu'à Menton, et ledit sieur Magno Cavallo m'engagea à lui donner mon avis sur cette prétendue donation.

Quelque temps après, pareille demande me fut réitérée de la dame Piossasque, et dès-lors je fis tout mon possible pour me procurer tous les renseignemens demandés ; et à cet effet par écrit j'obtins les déclarations des citoyens Jule Fossaty et Constantin Martin, en date du 19 brumaire : et quant à l'efficacité ou à l'inefficacité de la donation pour laquelle il y a eu procès pardevant le sénat de Turin à cette époque, mon avis fut que ladite donation étoit nulle sous double rapport, 1°. parce que étant principe de droit que dans les successions on suit les lois du pays du décédé, quoique le décès soit suivi en pays étranger, pour ce qui concerne le mobilier ; et pour ce qui concerne les immeubles, on suit les lois territoriales où ils se trouvent situés ; il étoit incontestable que Lascaris étoit Niçois, pour les immeubles qu'il avoit en France, ainsi que pour les meubles, argent et autre qu'il pouvoit avoir près de lui, devoient être partagés suivant les lois françaises ; comme, d'après les mêmes,

Dabray. I

aucun cohéritier, soit par donation que par tout autre acte de libéralité, ne peut avoir plus des autres cohéritiers ; il s'ensuivroit que la prétendue donation, en la supposant véritable, ne pouvoit avoir aucun effet en faveur dudit Dodolengo, qui seroit cohéritier dudit Lascaris ; 2°. parce que dans les donations, il faut acceptation du donataire, ce qui étoit en défaut dans le cas actuel, parce que Millo, qui avoit reçu, n'avoit aucun pouvoir de Dodolengo d'accepter : et d'après ces motifs, l'avis que je donnai à madame Piossasque, fut que la prétendue donation dont vouloit se prévaloir Dodolengo étoit nulle, et qu'elle avoit le droit de revendiquer du même sa quote portion.

En foi de quoi j'ai fait la présente déclaration, pour l'affirmer avec serment pardevant qui de droit.

Nice, le cinquième vendémiaire an huitième de la République française, une et indivisible.

Signé, Victor Tiranty.

Pour copie conforme, Massa.

N°. XXVII.

L'avvocato fiscale provinciale Giuseppe Dabray, figlio del fu preffetto Pio, si compiacerà pagare a Domenico Thaon. Fratello e thesoriere della nostra compagnia della misericordia, la somma di lire quattro cento novanta cinque amontare de censi decorsi, et non pagati dappoi l'atto 30 aprile 1763. Rogato Giacobi inclusivamente all'annualità maturata li 30 dell'ora scorso aprile 1788, e mediante il presente registrato, con quitanza del thesoriere Thaon, sarà di detta somma legittimamente quitato, senza prégiudizio de censi decorsi dappoi detto giorno 30 or scorso aprile et decorrendi. Nizza, li 2 giugno 1788. S. Pietro-Antonio Paulian di S. Carlo, priore ; S. Pietro Cauvin, secondo priore ; segrio D. C. Gio. Pietro-Tommo Roux librista ; sono lire quattro cento novanta cinque, che io sottoscritto ricevo in contanti per quitanza del presente mandato. Nizza, li due giugno 1788.

Domenico Thaon, thesoriere.

N°. XXVIII.

Je soussigné, déclare avoir reçu du citoyen Dabray, représentant du peuple, la somme de 2,000 livres, en numéraire métallique, qu'il m'a gratieusement prêté, promettant de les lui rendre à Nice, ou à Paris, à sa première réquisition.

A Paris, le 8 brumaire an 6 de la République.

Signé, à l'original, Defly père.

N°. XXIX.

LIBERTÉ.   ÉGALITÉ.

Extrait des registres des délibérations et arrêtés de l'administration centrale du département des Alpes-Maritimes.

Séance du 8 germinal an 7 de la République française, une et indivisible.

L'administration centrale du département des Alpes Maritimes, informée ce matin du décès arrivé le soir du jour d'hier, du citoyen André-Verani Masin, père de trois enfans, tous les trois émigrés conjointement à leur mère, et voulant donner des ordres pour la mise du scellé sur les biens du décédé, a reconnu sur les registres de cette administration, que sous la date du 18 messidor an 6, et à la suite de la déclaration du 19 thermidor an 4, du susdit André-Verani Masin, il avoit été pris un arrêté prononçant l'abandon en faveur de cet ascendant d'émigrés, fondé sur ce que son actif net, dans sa déclaration, ne s'élevoit qu'à la somme de 18,354 fr. 10 cent.; que le 15 fructidor an 6, un exemplaire de l'imprimé de la déclaration susdite et arrêté successif avoit été adressé au ministre des finances, et que le 7 brumaire dernier il en avoit été transmis 35 exemplaires à l'administration municipale de Nice, pour sa publication et affiche.

Considérant que la déclaration du susdit André-Verani Masin présente au premier coup-d'œil une fraude manifeste au préjudice de la République, en ce qu'il est notoirement et publiquement connu, en cette commune de Nice, que la valeur vénale des immeubles par lui indiqués dans sa déclaration, excède de beaucoup plus du double, celle que le déclarant a exprimée dans sadite déclaration;

Considérant que cette même déclaration est informe sous tous les rapports, puisque dans l'indication des biens-fonds ruraux, il n'y a pas l'assiette, la nature, la contenance distincte d'iceux, en conformité de l'article II de la loi du 9 floréal an 3, relative à la levée, etc. . . . ., formalités essentiellement prescrites par ladite loi, et toujours recommandées par les diverses lettres du ministre des finances à ce relatives, le déclarant ne s'étant point conformé d'autre part au porté du même article pour l'indication des professions et demeures de ses débiteurs;

Considérant que l'abandon fait audit Verani Masin, est d'autant plus vicieux que dans les articles de ses dettes passives, il est admis trente années d'intérêts à raison des capitaux par lui dus.

Après avoir ouï le commissaire du Directoire exécutif,

Rapporte le susdit arrêté d'abandon pris par cette administration centrale, le 18 messidor an 6, en faveur du citoyen André-Verani Masin, ascendant d'émigrés, ordonne, en conséquence, que le scellé et séquestre sera apposé de

I 2

suite sur tous les biens-meubles, immeubles et capitaux quelconques provenant de la succession dudit André-Verani Masin, charge l'administration municipale de la commune de Nice, et du canton de la Briga, chacune en ce qui les concerne, de l'exécution du présent arrêté.

Fait et délibéré à Nice, en séance publique, le 28 germinal an 7 de la République française, une et indivisible.

Signé, Tremois, *président;* Guide, Sauvaigue, Olivier; Massa, *commissaire du Directoire exécutif.*

Pour copie conforme, le président et secrétaire en chef de l'administration centrale du département des Alpes-Maritimes.

Tremois, *président.*

Le secrétaire en chef, Lannaret.

N°. XXX.

Nice, le 20 thermidor an 7 de la République française une et indivisible,

N. N.

Au citoyen Dabray, au Conseil des Cinq-Cents.

Citoyen représentant,

Tous ceux de vos commettans qui ne sont ni royalistes ni fripons ont lu avec intérêt votre mémoire du 9 messidor dernier : il est écrit avec candeur. Votre langage est celui de la vérité ; il n'y manque que le *signalement des principaux coupables, le nom de leurs complices et la série dégoûtante de leurs actes despotiques, concussionnaires et cartouchiens.*

SIGNALEMENT.

GASTAUD.

André Gastaud, âgé de quarante-quatre ans, fils d'un vermicellier de Nice, quitta le métier de son père, et débuta dans le monde en 1782, par être commis dans la maison *Saint-Pierre*; jusqu'en 1790, il fut successivement commis ou associé de *Giraudi père*. Giraudi étoit un fripon connu pour tel en Angleterre, en France, à Nice, à Oneille ; *André Gastaud*, un brouillon, un ignorant, un opiniâtre, un sac à procès : ils firent banqueroute. *Gastaud*, après cette faillite, devint une seconde fois commis aux gages de 600 liv., chez *Tahon fils*, émigré, et s'associa ensuite avec *Honoré Gastaud* son aîné. Cette seconde association ne fut ni heureuse ni durable ; elle se termina par un procès entre les deux frères : *André Gastaud* figura dans ce procès comme mauvais fils, mauvais frère et rusé voleur.

Son patrimoine, qui avoit été de 12,000 livres, étant épuisé, et déja trop connu pour espérer de faire de nouvelles dupes dans le commerce, il vécut avec bien de la peine en mangeant les capitaux de sa femme, et sur-tout ceux d'une pupille de sa femme, aujourd'hui l'épouse de *Paulian* dit *l'Anglais*.

En 1793, *Gastaud* fut le dénonciateur le plus virulent qu'eût Nice dans son club. Fort d'un parti de pendeurs qui montroient leurs cordes et menaçoient de la lanterne, quoique failli de 3,000 liv. envers *Jean Santo* de Villefranche; de 1,800 liv. envers *Léon Audibert et Sarmet*, de Marseille et de différentes sommes envers beaucoup d'autres; il se fit nommer électeur, puis membre de l'assemblée nationale des colons marseillois, puis administrateur du département. Il exerça ces fonctions d'administrateur jusqu'au 12 germinal an deuxième: celles de membre du comité de surveillance, sous *Robespierre et Ricord*, jusqu'au 30 brumaire an troisième. *Ritter et Turreau* ayant organisé à cette dernière époque des autorités nouvelles dans le département des Alpes-Maritimes, *André Gastaud* demeura sans place jusqu'au 12 floréal an troisième, à moins qu'il ne compte comme place celle d'agent du commerce, où il gagna de quoi se nourrir avec abondance, mais qu'il n'obtint ni par le peuple, ni par les représentans du peuple. Au 12 floréal an troisième il fut incarcéré, par ordre de *Beffroi*, jusqu'au commencement de vendémiaire an quatrième, après quoi il ne fut plus rien.

Du mois de frimaire an 4 jusqu'au mois de germinal an 6, *Gastaud* remplit la place de commissaire du Directoire exécutif près l'administration centrale des Alpes-Maritimes. Il ne possédoit rien lorsqu'il arriva à cette place. D'après l'extrait de la matrice définitive de la contribution foncière de Nice jusqu'au 7. *André Gastaud* et sa femme se trouvent possesseurs (article 988) de vingt et une propriétés superbes, valant ensemble plus de 12,000 liv. de revenu.

Mais voici comme de très-pauvre en 1790 on se trouve subitement très-riche en l'an 7. La femme de *Gastaud* accaparoit tout dans les enchères, et éloignoit les concurrens, en les menaçant de la toute-puissance du commissaire *André Gastaud*. La loi du 28 ventose fut pour cette maison la poule aux œufs d'or: livres, meubles, huiles des églises, argenterie des émigrés, si l'on en croit le bruit général, tout devint de bonne prise.

Malheur à ceux qui se rencontroient sur le passage d'*André Gastaud*, et dont il devenoit voisin! Ils étoient écrasés sans pitié. *Pierre Barlasrina*, quoiqu'acquitté par une commission militaire, pourrit encore dans les prisons pour n'avoir pas voulu consentir à se dépouiller moyennant 10,000 livres en faveur de *Gastaud*, de ses propriétés au *Carras*. Le ministre de la police générale est saisi de cette affaire.

André Gastaud parvint à la législature au mois de germinal an 6, à force d'intrigues, de promesses, de menaces, d'argent et de repas; il s'engagea envers les émigrés à leur obtenir des radiations définitives; envers les contribuables, à ne plus tolérer qu'ils payassent des contributions; envers les fanatiques, à rétablir le culte et le clergé. Il prétendit que *Rassal*, commissaire près les tribunaux, avoit reçu ordre du ministre de la justice de le faire nommer représentant, et de distribuer pour y parvenir 1,200 livres aux électeurs. Il éloigna le général de division *Garnier*, qui lui faisoit ombrage, en lui faisant adjuger à vil prix et à huit heures du matin la superbe terre de nationale *Saint-Jean*, dont un Génois offroit six fois plus.

Il partit enfin pour Paris dans le beau *carrosse Lascaris*, propriété nationale, dont il se permit la vente, et débuta en arrivant par enlever 111 liv. 2 s. 2 d. à l'inspecteur des contributions directes du département, comme il conste par la lettre de cet inspecteur en date du 27 fructidor an 6, et par la réponse du ministre des finances *Ramel*.

La belle-sœur et le neveu de *Gastaud* sont portés sur la première liste des émigrés de ce département, et sur la liste générale, sous le nom de *Gilberte*, *femme à Gastaud*, et un de ses *fils*. Cette *Gilberte* a été long-temps maîtresse de l'avocat *Cristini*, contre-révolutionnaire connu, confident du *duc d'Aost* et conseil de M. de *Saint-André*.

Ce que l'on sait d'*André Gastaud* depuis qu'il est à Paris, c'est qu'il a formé le blocus des bureaux de tous les ministres, et qu'il prétend être l'ami et le protégé du directeur *Barras*, dont à Nice il a toujours paru l'ennemi implacable ; autres temps, autres mœurs. Il est frappé par la loi du 3 brumaire ; on lui défie de s'en dédire.

Passons à son grand-vicaire, à son premier aumônier, à son faiseur de longues circulaires, mons l'abbé *Scudery*.

SCUDERY.

Jean Scudery, prêtre, âgé de trente-trois ans, vivoit à Nice du produit de ses messes et d'une petite école, lors de la révolution. Il débuta dans les affaires par se faire admettre au nombre des commis du district, passa ensuite au comité révolutionnaire, où il eut le bonheur de se faire distinguer par *Gastaud*, et de mériter sa confiance.

Gastaud ayant besoin de n'employer que des hommes capables et dignes de lui, le fit nommer commissaire près le canton de *Contes*, administrateur temporaire du département, et enfin administrateur en pied.

Jamais prêtre ne vola plus impudemment que mons l'abbé *Scudery*. Chargé au département du personnel des émigrés, les radiations provisoires, les soumissions, les adjudications, les partages, les déclarations d'ascendans d'émigrés, les ventes, les mises en jouissance, et généralement tout ce qui tient à cette partie fut arbitraire et vénal. On ignore s'il a fidèlement compté avec ses collaborateurs des 5,000 liv. qu'il palpa pour faire déclarer nulle la soumission des biens de *Pierre et Maurice-Alberti de la Briga*, et des cent vingt louis qu'il reçut de *Veroni Mazin*, pour accorder un arrêté d'abandon. On ignore aussi pourquoi il vouloit dans le temps empêcher le général *Garnier* de constituer dans les prisons militaires un certain chevalier de Malte, fils de *monsieur de Revel-Saint-André*, qui étoit venu contre-révolutionner le département ; mais on sait que le saint homme a toujours dit la messe (par habitude sans doute) tantôt à *S. François de Sales* et tantôt dans la chambre de madame . . . . , sa maîtresse ; ce qui est assurément édifiant.

PAYANY.

Le second administrateur, destitué deux fois par arrêté du Directoire exécutif, comme mons. l'abbé *Scudery*, et toujours pour cause de concussion, est *Joseph Payany* ; il est fils d'un notaire de Guillaume , étudia l'art de voler en grand au milieu des Barbets dont il fut capitaine en titre jusqu'au mois de mars 1793. Soupçonné d'émigration, il arriva à Nice du temps de *Chiappe et de Beffroy*, se déclara l'ennemi implacable des patriotes, le partisan de la royauté, et parvint, à force d'intrigues de sa part, de celles de son père, et par le crédit de M. de Saint-André, à être membre de l'administration centrale du département. Il s'associa, par goût, à Gastaud, prit de toute main, acquit de tous les côtés, et devint rapidement presque aussi riche que son patron. Il est l'auteur du billet doux dont on lit le commentaire dans le rapport de Ferrogio du 26 nivose an 7 ; rapport coté n°. 5, et annexé au mémoire du représentant Dabray, du 9 messidor suivant ; ce billet, meilleur que celui de la Chaire, lui procura gratis pour 1,000 écus d'argenterie. — Après sa seconde destitution, il fut à Turin en vertu d'un arrêté antidaté, arrêté dont le commissaire central n'eut aucune connoissance ; Ginguené doit savoir ce qu'il y fit. Ce voyage ne coûta aux administrés que cent louis en deux ordonnances qui existent dans la caisse du receveur général, et dont l'une fut acquittée, contre l'usage ordinaire, par le payeur. —

On peut, quand il le desirera, administrer la preuve que, moyennant 4000 livres à lui comptées par Augustin Guido, en présence de Faraudi, alors commissaire à la Briga, et de Banaudi, secrétaire, il fit rayer de la liste des émigrés la famille Guido, et déclarer nulles les soumissions faites de leurs propriétés. —

Ses liaisons étroites avec Meaussier, receveur de l'enregistrement et du domaine à Nice ; sa tendresse pour les royalistes, pour les émigrés, pour les barbets et pour les voleurs, en firent un homme important. Il étoit, aussi ouvertement que le prêtre Scudery, l'entremetteur de tous les marchés utiles passés au compte de l'administration centrale et du commissaire Gastaud ; il crie maintenant à tue-tête contre les fripons. —

OBERTY.

Jean-Baptiste Oberty de Perinaldo, troisième administrateur destitué par arrêté du Directoire exécutif en date du 29 frimaire dernier, n'ayant pu réussir à faire fortune ni avec les ciseaux de tailleur d'habit, ni avec la plume de tabellion, parut sur la scène au mois de frimaire an 4, en qualité de secrétaire de sa commune. Gastaud, qui cherchoit les hommes, eut bientôt apprécié Oberty, et le constitua commissaire provisoire du Directoire exécutif près l'administration municipale du canton de Perinaldo ; aux assemblées électorales de l'an 5 il en fit un administrateur central. Chargé du bureau des contributions, sa première opération financière fut de réduire, dans la répartition de l'an 5, la contribution foncière de Perinaldo de 49,634 livres à 35,000 livres, ce qui étoit, pour les autres cantons, une injustice révoltante. Il continua en s'opposant au paiement des sommes dues au trésor public, et poussa si loin la mauvaise volonté à cet égard, ainsi qu'à l'égard de la levée des conscrits dans son canton, que l'administration centrale fut obligée d'envoyer à Perinaldo le général de division Garnier, alors commandant dans le département, pour faire payer l'arriéré de deux exercices, et forcer les conscrits à partir. Il ne vouloit pas que les contribuables payassent les contributions à d'autres qu'à lui. Il fut pris volent d'assez grosses sommes sur l'emprunt forcé de l'an 4 par l'inspecteur des contributions directes ; qui a fourni les pièces probantes de ce délit, et fait son rapport sous la date du 21 fructidor an 6. La copie dûment certifiée des pièces et du rapport, sont depuis ce temps dans le bureau du ministre des finances. —

On possède une pièce qui prouve qu'il s'est approprié le traitement de Biancheri commissaire provisoire de Perinaldo. Une seconde pièce établit très-clairement que pendant la durée de ses fonctions administratives, il n'a pas cessé d'acquérir à beaux deniers comptant à Perinaldo, d'y bâtir et de remplir sa maison de pendules, de tableaux, de bureaux, de livres, de linge et d'argenterie. Au baptême de son dernier enfant, auquel il avoit amené la citoyenne Gastaud et *Payany*, on dit qu'il étala une partie assez forte de l'argenterie *Lascaris*. —

Par son entremise, *Antoine Glena* (de Saint-Agnès) obtint, sur une fausse estimation de 6,000 livres, le jardin des Capucins de Menton, estimé précédemment 17,000 livres. Le juge Imberty et le commissaire du Directoire exécutif de Menton, qui ont certifié ce fait, assurent qu'*Oberty* ne gagna, dans cette affaire, que le tiers du jardin, qui lui reste, et dont il n'a pas payé un centime. —

On a conçu les plus graves soupçons qu'associé avec les muletiers de Perinaldo, il ait introduit en France, après la dernière récolte, environ 2,000 *rups d'huiles tirés de la Ligurie*, et il est constant qu'il décida, en sa qualité d'administrateur, que c'étoit de l'huile du crû de Perinaldo, et que la douane n'avoit aucun droit à prétendre. —

Gastaud, chez lequel il demeuroit et demeure encore, ne fut pas plutôt nommé représentant, qu'il fit constituer son cher *Oberty* commissaire provisoire près l'administration centrale. *Oberty*, en attendant que *Gastaud* le fît nommer définitivement par le Directoire exécutif, s'amusa à faire réincarcérer *Pierre Barlassina*, après un jugement militaire qui l'avoit acquitté, parce que *Barlassina* ne voulut pas lui passer un billet de 80 louis. —

L'on a dit aussi qu'il fit jeter dans les cachots, comme émigré, le fils d'un menuisier de Menton, mais qu'il le relâcha, et le déclara non émigré, dès que le malheureux père eut consenti à lui compter de beaux louis d'or : c'est ainsi qu'il occupoit ses loisirs. —

Quoique non excepté par la loi, *Oberty* a occupé pendant trente-trois mois la place d'administrateur central, et il a deux oncles émigrés, *Barthelemi et Horace Pastor*, l'un ex-récollet, et l'autre ex-jésuite. —

C'est un bien dangereux intrigant que cet *Oberty*. Le projet d'arrêté qui devoit maintenir Lascaris sur la liste des émigrés, est écrit de sa main ; il devoit produire 30,000 livres à la communauté. —

Il fabrique et fait fabriquer des pièces fausses. On connoît les détails de l'un de ses soupers chez la *Gastaud* avec le commissaire *Laurent Gillette* de Levens. On possède une déclaration de *Charles-Joseph Daloni*, juge-de-paix de Lautosca, l'un de ses protégés. C'est un *Basile* qui espère cicatriser à force d'injures et de calomnies ; il a souvent compté sans son hôte.

DONNY.

A vous la balle, *Jean-Jacques Donny*, de Neufchatel en Suisse. Vous n'aviez presque rien avant 1793, vous êtes maintenant plus riche que votre féal *gendre Gastaud* ; comment êtes-vous parvenu si rapidement à la fortune ? Nommé administrateur du département après la loi du 28 ventose, un peu par timidité, plus encore par attachement pour les émigrés, vous ne fîtes l'acquisition d'aucune de leurs propriétés ;

mais

mais aussi vous vous dédommageâtes largement sur les biens d'églises, quoique vous fussiez le protecteur né de tous les Capucins du monde.

Les radiations provisoires n'alloient jamais assez vite à votre gré; vous présidiez le département, lorsqu'en séance publique, et après le 18 fructidor, vous prétendiez qu'il n'y avoit dans les Alpes-Maritimes d'autres émigrés que ceux de la maison Treves, votre rivale, et que la loi qui les frappoit étoit cruelle. Pour vous populariser sans doute, vous invitiez vos administrés à ne point payer de contributions. Voilà qui est joliment présider ! —

C'est bien vous qui, sous le nom *de Leclerc et compagnie*, avez dépouillé les batteries, les parcs, les forts et les arsenaux d'Antibes, Nice, Villefranche et Monaco de tous les effets d'armement et d'équipement qui s'y trouvoient en l'an 6. C'est vous qui avez transcrit sur le registre du département, de votre main (ce qui ne vous est jamais arrivé que cette seule fois), et signé *Donny, président de l'administration centrale*, l'arrêté liberticide qui permettoit l'exportation de nos canons à l'étranger. C'est vous qui avez expédié le tout à Livourne, après avoir fait assurer le bâtiment; c'est vous enfin qui, au lieu d'être affligé, parûtes satisfait, en apprenant que les *Anglais* avoient pris dans les eaux de la Bordighera le bâtiment et tous les canons. —

Dites-moi si, dans votre déclaration récente à la municipalité de Nice, vous avez avoué que les 53,802 myriagrammes pesant d'armes et effets de guerre, que vous avez payé 50,000 livres, valoient plus d'un million. On sait que le droit de courtage, passé par vous à Pelissier, marchand, et à l'ex-commissaire des guerres Gaultier, son beau-frère, fut exorbitant, d'où on conclut que vous fîtes une excellente affaire. —

Dites-moi aussi quelles sont vos principales liaisons de commerce ? la France apprendroit sans doute avec intérêt que vous êtes toujours le banquier, le courrier et le correspondant des amiraux et des milords anglais qui, depuis vingt ans, ont passé à Nice. —

On vous croit généralement recéleur d'une grande quantité de malles d'émigrés, et ce ne seroit pas, je le pense, vous faire injure, si on vous rappeloit que vous êtes frappé par la loi du 3 brumaire, par cette seule petite raison que votre belle-sœur est bien et duement émigrée : criez actuellement aux merlinistes que vous croyez avoir provoqué votre destitution. —

J'ai dû signaler d'abord le chef de la bande, ensuite ses quatre *matadors*. C'est en vain qu'ils se prétendent suffisamment décrassés par la déclaration du directeur du jury *Dalmassi*. Les louis avec lesquels ils ont acheté cette déclaration ; tout l'esprit de leur défenseur officieux, le royaliste *Paulian*, substitut destitué du commissaire *Rassal*, ont été employés en pure perte. — Les cinq ministres, de l'intérieur, de la police générale, de la guerre, de la justice et des finances, feront bientôt, il faut l'espérer, des rapports devenus indispensables. Ils ont dans leurs bureaux des pièces suffisantes pour baser des conclusions sévères : l'heure de la justice sonnera. Votre punition est attendue par cent mille administrés, dont vous avez été les fléaux destructeurs, et qui ont pour vous autant d'horreur que leur inspirent de crainte les barbares du Nord. Vos stylets, vos calomnies et vos bâtons ne vous mettront pas à l'abri du supplice.

Voyons vos complices.

Dabray. K

MARTEL.

Le pas appartient de droit à votre défenseur officieux de Paris, *Jean-Charles Martel*, membre de la cour des aides à Montpellier; puis militaire, condamné à mort par contumace, pour avoir traîtreusement assassiné son major; il se réfugia à Nice, et de là à Menton, où il épousa Anne Clavesan, sœur de la catin du ci-devant prince de Monaco. Avant l'entrée des Français dans le département des Alpes-Maritimes, *Jean-Charles Martel* venoit fréquemment de Menton à Nice, pour y voir les émigrés français. Il eut avec eux des liaisons étroites; il recruta long-temps pour leur compte. — Cabaretier en 1793, dans la grande rue de Nice, et successivement garde-magasin à l'armée des Pyrénées, puis défenseur officieux, il est connu comme intrigant, dangereux, et royaliste déhonté. —

Il fut envoyé à Paris, où il est encore, à la fin de brumaire an 7, par les émigrés, et notamment par la femme Foucart, pour y acheter des radiations. *Gastaud*, qui le connoît depuis longue main, en a fait l'avocat général de la compagnie.

ROASSAL.

L'ivrogne *Roassal*, commissaire du Directoire exécutif près les tribunaux, clerc de procureur, ensuite marchand de comestibles, s'unit à *Gastaud* lors de la réunion du comté de Nice à la France, devint juge-de-paix, et successivement commissaire en 1793. *Roassal* ne possédoit pas quinze mille francs en principal; il possède aujourd'hui quinze mille francs de rente. C'est aller bon train: aussi il a le grand secret de faire perdre tous les procès à la régie des douanes nationales.

BERNARDI.

Pie Bernardi, accusateur public (voyez la pièce N°. 4, annexée au mémoire du représentant Dabray du 9 messidor dernier), royaliste pendant les années une, deux et trois de la révolution, redevint fripon dès qu'il eut obtenu, par l'entremise de *Gastaud*, la place lucrative d'accusateur public. S'il a constamment vendu la justice aux riches, et s'il est devenu aussi opulent que son frère d'armes *Roassal*, en ne poursuivant que les délits des pauvres; concluons qu'il étoit digne d'être admis dans la compagnie, et qu'il lui fait honneur. —

Les autres complices sont en second ordre. Je vais en donner la nomenclature abrégée seulement. *Daidery*, notaire; *Dalmas*, juge; *Paulian*, dit l'*Anglais*, émigré et neveu d'André Gastaud; *Scudery*, ex-moine, et autres, dont il est inutile de salir mon papier.

Si parmi les compagnons compris dans cet appel nominal, il s'en trouve qui ne croient pas être suffisamment signalés, on se fera un devoir de détailler chaque action de leur honorable vie.

Actes despotiques, concussionnaires et cartouchiens.

J'arrive à la série dégoûtante des actes despotiques, concussionnaires et cartouchiens qui appartiennent à la compagnie entière, puisque chacun des membres y a pris plus ou moins de part; mais qui découlent directement des administrateurs destitués, et du commissaire *André Gastaud*.

Il existoit contre l'administration centrale vingt-un chefs d'accusation, comme il conste par la lettre du ministre de la police générale *Sottin* au citoyen Messa, alors représentant du peuple, sous la date du 23 frimaire an 6. Les curieux trouveront cette lettre sur les registres de la police, deuxième division, premier bureau, n°. 8,915, *bis* 4.

Outre ces vingt-un chefs, voici ce dont la voix publique les accuse hautement aujourd'hui.

PREMIER CHEF.

D'avoir dépravé et démoralisé le département; d'y avoir entretenu le fanatisme et la barbeterie; d'y avoir employé tous les moyens possibles pour faire haïr les Français, la France et son gouvernement; de s'être joués de toutes les lois, de la fortune, de la vie et de l'honneur des administrés.

II.

De n'avoir pas voulu entendre parler des décades, de leur avoir préféré les dimanches; d'avoir assigné cinq églises aux catholiques dans la seule commune de Nice, où deux étoient plus que suffisantes; d'avoir alternativement chaumé au lutrin et au cabaret toutes les fêtes et toutes les madones.

III.

D'avoir retardé l'érection des écoles centrales; d'avoir voulu forcer le jury d'instruction à ne remplir les chaires que de prêtres ignorans et scandaleux; d'avoir consenti à l'ex-moine *Scudery* la place de bibliothécaire, qui lui avoit été vendue par l'abbé *Rusca*, moyennant quarante louis, dont trente ont été déboursés; de n'avoir point érigé des écoles primaires. (Voyez le registre du jury d'instruction, et les lettres de *Griffet*, ingénieur en chef, au ministre de l'intérieur.)

IV.

D'avoir laissé vivre en communauté les religieux de *Simier*, et d'avoir toléré plus de douze cents mauvais prêtres, qui rongent et fanatisent le département.

V.

De n'avoir procuré et maintenu dans les places et fonctions publiques que des hommes immoraux et conspirateurs.

VI.

D'avoir, moyennant le spécifique ordinaire des louis, rayé l'évêque de Nice de la liste des émigrés, et de lui avoir préparé, quelques jours avant le 18 fructidor, une entrée triomphale.

VII.

D'avoir empêché par leurs déclamations, leurs correspondances et leurs ordonnances de décharges liberticides, la rentrée des contributions, ce qui a contribué à nos désastres en Italie, et ce qui a causé la misère actuelle des contribuables, qui sont forcés de payer trois exercices dans une année, où ils n'ont ni récolte d'huile, ni argent.

VIII.

De ne s'être entourés que d'émigrés et d'assassins; d'avoir avili et persécuté les patriotes, et d'avoir organisé la vénalité de telle manière que le tarif de ce qu'il y avoit à payer pour une radiation, une main-levée de séquestre, un partage, un abandon, une mise en liberté, etc., étoit connu de tout le monde.

IX.

De n'avoir jamais rendu compte de leur gestion.

X.

De n'avoir pas fait le tableau des biens nationaux à vendre, prescrit par l'instruction annexée à la loi du 6 floréal an 4, section deuxième, et d'accord avec le receveur du domaine *Meaussier*, de s'être approprié tous les biens nationaux à leur convenance; de n'avoir acquitté le prix de leurs acquisitions que lorsque le papier-monnoie n'eut plus aucune valeur.

XI.

D'avoir eu avec le receveur Meaussier des registres doubles pour recevoir les soumissions, et par ce moyen, de n'avoir abandonné aux véritables soumissionnaires que leur rebut, et ceux de leurs prête-noms.

XII.

D'avoir demandé cinq cents louis pour appliquer à un ascendant d'émigré, qui a pour plus de quatre-vingt mille francs de biens-fonds, les dispositions favorables de la loi du 9 floréal an 3.

XIII.

D'avoir, avec des radiations provisoires de commande, évincé plusieurs soumissionnaires.

XIV.

D'avoir empêché l'exécution de la loi du séquestre sur les biens des pères et mères d'émigrés.

X V.

D'avoir rayé avant le 18 fructidor, et presqu'en masse, quatre cent trente-un émigrés seulement.

X V I.

D'avoir forgé des réclamations anti-datées de deux, de trois, de quatre ans, pour faciliter les radiations.

X V I I.

D'avoir permis à *Pierre, comte de Berra*, émigré, capitaine de milice, chevalier des ordres du roi Sarde, et connu dans ce dernier temps comme chef principal des insurgés à Limon, de rester à Berra, malgré la loi du 19 fructidor, moyennant un bon repas et cinquante louis.

X V I I I.

D'avoir, à prix d'argent, restitué à *Lucrèce Tahon*, veuve de *Jean-Baptiste Bonnet*, émigré, la jouissance des biens de son mari, quoique l'aubergiste *Manuel* en eût acquis précédemment la propriété légitime.

X I X.

D'avoir perçu les revenus de la maison *Alberty*, de l'héritage *Spinelli*, de plusieurs confréries de la Briga, et autres menues bagatelles de cette espèce.

X X.

D'avoir fait jeter par le général Garnier, dans les prisons militaires où il pourrit encore, le docteur *Jean-Baptiste Boin*, de la *Briga*. Il n'est ni émigré, ni barbet; mais il a mis au jour quelques-unes de leurs turpitudes.

X X I.

D'avoir vendu à vil prix, en germinal an 6, en séance secrète et avant huit heures du matin, au lieu de onze (heure accoutumée), au général Garnier, le beau bien de Saint-Jean, dont un Génois offroit du premier mot six fois plus.

X X I I.

D'avoir exposé à la mort *Pierre Barlassina*. Pourquoi ce malheureux Cisalpin pourrit-il encore (quoique acquitté par une commission militaire) dans les prisons civiles? Est-il décidé que *Barlassina* ne sera libre que lorsqu'il aura consenti à *Gastaud* l'abandon pour dix mille francs de ses biens au quartier général de *Carras*, et un billet de quatre-vingts louis *à Oberti*?

XXIII.

D'avoir empoché l'argent provenu de la vente de trois mulets de l'émigré *Rostagni*.

XXIV.

De s'être approprié les olives des ci-devant *Augustins*, quoique la location de ce lieu eût été passée avant la récolte à *Baudoin* et *Trabaud*.

XXV.

De s'être approprié deux cents rups d'huile appartenant à la nation.

XXVI.

D'avoir vendu, à leur profit, plus de 100,000 rups de sel qui avoient appartenu au roi de Sardaigne.

XXVII.

D'avoir rayé provisoirement, en séance secrète, et ordinairement en présence des émigrés eux-mêmes, les deux frères *Sauvaigne* et leurs femmes; leur père leur compta 200 louis pour cette bonne action; le juif *Treves*, qui ne paya que 75 louis; l'avocat *Giacobi*, moyennant 150 louis; l'ex préfet *Boteri*, moyennant 80 louis; *Millo*, de Peille, moyennant 15 louis; *Alberti*, de Ville-Neuve, moyennant 8 louis; *Vassal*, *Borrillon*, ses enfans et sa femme, *Rose Borrillon*, *Pierre Pastoris*, *Louis Rostagni*, *François Belli*, *Angélique Rostagni*, femme à Louis, ont payé chacun de 60 à 70 louis.

XXVIII.

D'avoir autorisé tous ces émigrés, et beaucoup d'autres, à rentrer dans le département, de prairial au mois de messidor an 6.

XXIX.

D'avoir forcé un patriote piémontais, réfugié à Nice, et cautionné par de bons correspondans, de retourner à Turin, pour y être sur-le-champ fusillé.

XXX.

De s'être partagé tous les meubles, effets et livres déposés au département.

XXXI.

D'avoir forgé une lettre, signée *Dabray*, dans laquelle ce représentant invitoit les électeurs de l'an 6 à réélire l'*abbé Scudery*, en déclarant que le Directoire exécutif se repentoit de l'avoir destitué.

XXXII.

D'avoir fait bourreler, par un adjudant de place et un concierge, le fameux *Contin*; de l'avoir fait torturer de mille manières dans l'obscurité d'un cachot, et de ne l'avoir laissé partir pour Marseille, qu'après s'être bien assuré qu'il n'arriveroit pas à moitié chemin. Le général Garnier a positivement assuré, en fructidor an 6, et en vendémiaire an 7, qu'*André Gastaud*, l'administration centrale, et sur-tout le *prêtre Scudery*, étoient furieusement chargés par les dépositions de ce monstre. Que sont devenues ces dépositions? Le capitaine rapporteur de la dernière commission militaire et Albertini doivent en avoir eu connoissance.

XXIII.

D'avoir tâché de corrompre, puis calomnié le malheureux *Gassin*, assassiné sur la route d'Aix, en se rendant à Paris pour les dénoncer, et quelques autres patriotes qui supportoient impatiemment leur tyrannie, et dont ils redoutoient le courage et la vertu.

XXXIV.

D'avoir constamment et volontairement trompé la députation et les ministres sur les hommes et sur les choses, et d'avoir entièrement perdu le département.

Je termine de lassitude et d'horreur; il faut tout le courage de la vertu pour lutter si long-temps corps à corps contre une poignée de scélérats, dégoûtans la calomnie, le brigandage, le crime et la mort.

Votre excellent mémoire du 9 messidor, citoyens représentans, et cette lettre, renferment l'analyse de leurs faits et gestes. Les coupables sont traduits pieds et poings liés devant le plus redoutable et le plus incorruptible de tous les tribunaux.

Ils sont accusés par l'opinion publique du département des Alpes-Maritimes; qu'ils se débattent avec l'effronterie du vice. La France entière les jugera. Quant aux injures et aux menaces d'*Oberty*, de *Dony*, de *Scudery* et de *Gastaud*, elles vous honorent: tout le monde sait que des crapauds ne peuvent ni pisser sur une rose, ni la salir.

XXXI.

Paris, le 12 germinal l'an 6 de la République française, une et indivisible.

La députation des Alpes-Maritimes, au ministre des finances.

Citoyen ministre,

L'administration centrale de notre département nous a fait part de son arrêté du 18 frimaire dernier, et de votre lettre du 23 ventose échu : sans examiner la forme de la démarche administrative, nous devons vous observer au fond que le canton de Périnaldo faisant partie de la République française, ses habitans doivent jouir, pour l'importation et exportation des objets et productions, des avantages et facilités que les lois accordent, et les localités forcément exigent. Les barbets ont bien pu empêcher un moment que ce canton, quoique moins infesté que les autres, ne fût placé dans la circonvallation des barrières : nous savons en outre que leur établissement, par sa position, entraînera des dépenses, des difficultés et des abus : ce qui nous a déterminés à solliciter du gouvernement l'ampliation et la rectification des limites. Mais tous ces motifs ne doivent pas permettre que des particuliers, déja accablés par le fardeau des impôts mal assis, soient tout-à-fait ruinés par des exactions injustes ou des frais énormes, qui les autoriseroient, au pis aller, de demander des dégrèvemens et des indemnités qui absorberoient les revenus publics : nous vous prions en conséquence, citoyen ministre, de vouloir bien charger la régie des douanes, de concilier, autant qu'il est possible, les intérêts de la nation avec ceux de nos commettans.

Salut et fraternité,

Signé, Dabray, Massa.

XXXII.

La députation des Alpes-Maritimes au Directoire exécutif.

Citoyens Directeurs.

Le canton de Périnaldo est enclavé dans le terroir ligurien, et ne tient au reste du département des Alpes-Maritimes que du côté du Nord, dont les montagnes en hiver sont impraticables, et dans les autres saisons pénibles et dispendieuses, ce qui oblige les habitans à passer sur le pays étranger pour l'importation et exportation des objets et productions.

La régie des douanes auroit dû leur faciliter les moyens de jouir des avantages que les lois accordent, et les localités forcément exigent ; mais ne l'ayant pas fait, elle a consenti à la sortie des huiles, moyennant caution, jusqu'à ce que le gouvernement y eût pourvu. Vous avez jugé convenable, citoyens Directeurs, de ne rien innover à cet égard pour ne pas ouvrir la porte à des abus, et vous avez sagement préféré d'obvier à ces inconvéniens par des arrangemens diplomatiques. Il seroit pourtant injuste que ce canton déjà surchargé d'impôts fût puni de son civisme par la perception des droits cautionnés, ce qui causeroit sa ruine, n'ayant d'autre produit. Nous vous prions en conséquence, citoyens Directeurs, à vouloir bien charger le ministre des finances de vous faire un rapport particulier à cet égard, et de concilier, autant qu'il est possible, les intérêts de la nation avec ceux de nos commettans ; en leur accordant la franchise pour la quantité dont leur territoire est susceptible.

Salut et fraternité.

Signé, Dabray. Massa.

N°. XXXIII.

XXXIII.

Nice, le 18 vendémiaire an 8 de la République française, une et indivisible.

N. N. au citoyen Dabray, du département des Alpes-Maritimes, représentant du peuple au Conseil des Cinq-Cents.

Citoyen représentant,

Il faut avouer que le citoyen Gastaud, votre digne collègue, marche à pas de géant vers le but glorieux de ses hautes destinées. Tout est vraiment extraordinaire et même unique dans l'immense carrière qu'il a parcourue jusqu'ici tant en qualité d'homme privé que de fonctionnaire public.

Parvenu à peine à l'âge d'utiliser ses rares talens, croyant indigne d'eux de les consacrer au métier de vermicellier qu'exerçoit son père, il obtient une petite place dans un petit bureau d'un petit négociant, et bientôt il se trouve sur le pavé.

Nouvel *Antée* devenu plus fort de sa chûte, de commis qu'il avoit été, il s'élève à la condition de principal en formant une société; et en très-peu de temps il a le talent de donner à son pays le spectacle de la plus honteuse des banqueroutes.

Sur la réputation qu'il s'étoit acquise de *démagogue*, le gouvernement le place en qualité de son commissaire près l'administration centrale de votre département, et le ministre de la police en reçoit de toute part des plaintes si graves et si multipliées, qu'il est dans la détermination de le faire destituer.

Il réussit enfin en l'an 6, au mépris de la constitution qui suspend en lui tout exercice des droits de citoyen français, comme failli, et de la loi du 3 brumaire an 3, qui le frappe comme parent d'émigré, à se faire nommer au Corps législatif, et tout son zèle est entièrement dévoué à protéger et défendre la prévarication et le crime.

En vain le Directoire exécutif, par son arrêté du 29 frimaire dernier, a démasqué les magistrats infidèles du peuple, membres de l'administration centrale de votre département, en les destituant et renvoyant pardevant les tribunaux.

En vain des pièces matérielles, des témoins sans nombre, des preuves de tout genre et les plus concluantes, ont justifié l'arrêté du Directoire exécutif.

Votre digne collègue, non-seulement a le noble courage d'attaquer de front l'évidence de toutes ces accusations et la nier tout net, mais il déclare la guerre et une guerre d'extermination à tous ceux qui ont eu la pusillanimité de s'y rendre.

Et parce que vous avez été malheureusement du nombre, et frappé de la lumière qui éclate de toute part dans cette scandaleuse affaire, vous vous êtes avisé de rendre publics les motifs de votre conviction, une attaque vous a été

Dabray. L

livrée de sa part avec une fureur dont on trouveroit difficilement d'exemple, même dans les fastes des guerres si mémorables du *seau enlevé* et du *lutrin*.

Gastaud s'étoit déja distingué par le sublime article dont il avoit enrichi les annales polémiques dans le *Publiciste* du 29 ventose dernier.

Mais l'ouvrage dont il vient d'accoucher à l'aide des presses de *Baudouin*, imprimeur du Corps législatif, place du Carrousel, n°. 662, en 157 pages, sous le titre piquant de *première réponse de Gastaud* (des Alpes-Maritimes), membre du Conseil des Anciens, à la diatribe adressée par le citoyen *Dubroy*, membre du Conseil des Cinq-Cents, à ce qu'il appelle ses commettans, est un chef-d'œuvre tel d'éloquence, de logique et d'érudition, qu'il sera à jamais regardé et cité comme un ouvrage classique par nos neveux, et l'illustre auteur sera placé dans le petit nombre des écrivains originaux du siècle.

L'on ne cessera jamais sur-tout d'admirer la finesse de la plaisanterie, le délicat de l'atticisme, l'amour de la vérité et la bonne-foi que montre par tout le citoyen Gastaud; et pour ce qui est des connoissances, l'on n'hésitera un moment à le mettre même au-dessus du *Græculus ésuriens*, si extraordinaire pourtant et si unique de *Juvenal*.

Je ne vous parlerai pas du beau trait de son écrit, qui rappelle le sublime délire dont *Pygmalion* fut pris pour la statue enfant heureux de son génie, ni de la savante application qu'il en a faite. Vous savez que ce n'est qu'aux *Polyphèmes* à bien apprécier les *Galatées*, et notre cyclope, qui ne le cède en rien à l'ancien pour l'élégance des formes, a sur celui-là le grand avantage d'avoir deux gros et superbes yeux au lieu d'un ; aussi ses étonnans progrès en galanterie sont au moins en raison double de ceux qui signalèrent le fameux *anthropophage* de la *Sicile*, témoin l'image encore vivante du principal de ses glorieux exploits.

Je ne vous parlerai non plus des différens passages où il pousse la modestie au point de nous apprendre qu'il a tellement mérité la confiance de ses collègues du Conseil des Anciens, qu'on l'a *compté au nombre des législateurs indépendans* du temps du despotisme du Directoire renversé, et il a été appelé au bureau de ce Conseil après les journées *des 28, 29 et 30 prairial* dernier ; qu'à l'assemblée électorale de son pays, qui le porta à la chaise *curule*, il eut la totalité des suffrages moins un, qui fut le sien ; que c'est lui qui, lors de la révolution de la ci-devant comté de Nice, son heureuse patrie, provoqua, par une motion formelle, la déchéance du roi de Sardaigne, dont il dressa même l'acte, le fit imprimer et afficher ; qu'*Aristide* de notre siècle, il est *inattaquable*, sur tout auprès de ses commettans ; qu'il a une *honnête fortune*, dont une grande partie est des biens nationaux qu'on lui a donnés, parce qu'il a eu pour vingt ce qui valoit plus de cinquante ; qu'aussi délicat et aussi exact qu'il a été à satisfaire ses engagemens, on ne trouvera nulle part qu'il ait *usé de ses fonctions pour retarder d'un seul jour le paiement de ce qu'il pouvoit devoir*, et cela par la raison très-concluante qu'il n'en exerçoit aucune sous l'ancien gouvernement ; que, trahi et volé par deux brigands, il a donné le *premier l'exemple de la plus étonnante intégrité*, en vendant les plus belles de ses propriétés (elles existoient vraisemblablement aux terres australes), pour payer les vols qu'on n'a pu lui restituer en entier ; qu'il lui plaît d'user de *productions de son climat*, et, accoutumé à boire du vin de Nice et à consommer dans son ménage tout ce que la plus sordide avarice défend à votre goût, il ne s'en privera point pour accumuler des trésors, fâché de ne pas savoir où deux caisses de vin expédiées de Nice depuis plus de quatre mois se trouvent à présent, pour en offrir à ses amis. Tous ces détails, comme vous sentez très-bien, sont en eux-mêmes trop lumineux pour avoir besoin de développemens, et on doit savoir éternellement gré au citoyen Gastaud de les avoir dérobés à l'oubli du temps, et d'avoir donné l'édifiant exemple de s'être fait le panégyriste de soi-même ; c'est ainsi qu'en usoient les grands hommes célébrés par notre bon père *Homère*, et le héros si justement renommé de *Cervantes*, n'agissoit pas différemment. Don Gastaud étoit bien fait pour donner aux héros des siècles qui nous ont devancés un rival qui fût digne d'eux.

Je laisserai également de vous entretenir des gentillesses sans nombre et toutes délicieuses dont il vous régale presqu'à chaque page de son lourd volume, et me dispenserai de relever l'originalité des épithètes dont il fait usage, et qu'il a l'art si rare de varier à l'infini. Ici, vous êtes accusé *d'imposture, de vanité et de perfidie :* là, vous remportez *les titres bien mérités d'homme présomptueux, imposteur, illibéral, ingrat, sanguinaire et vindicatif.* Un peu plus bas, vous êtes *l'ambitieux Dabray*, et votre ton celui *de l'imposture :* ailleurs, *la mauvaise foi est un des caractères qui vous distinguent le plus ;* ensuite reparoît encore *votre perfidie, votre mauvaise foi ;* après, vous devenez *un député furibond*, et plus bas *un homme perdu d'honneur et de réputation, un déhonté, toujours de mauvaise foi ;* presque tout de suite *un enragé*, et puis *un méchant, un vindicatif, un imposteur, un lâche, un ambitieux déhonté, un homme déguisé sous toutes les couleurs :* plus, vous êtes *un parasite astucieux, un imposteur avide du sang du peuple, ambitieux, ingrat, perfide et un homme couvert d'infamie* ; dans *vos raisonnemens on ne trouve qu'astuce et ignorance, et vos commettans ont des preuves non équivoques de votre vanité et de votre orgueil, des preuves que votre conduite antérieure et postérieure à la révolution justifie votre oppression, votre improbité, votre injustice, votre duplicité, et l'égoïsme le plus caractérisé.*

Toutes ces aménités ne sauroient être ni plus accomplies, ni mieux placées, et déposent toujours plus en faveur de l'excellente éducation qu'a reçue votre incomparable collègue. On voit évidemment qu'il n'a pas perdu son temps à ses académies chéries des *halles* et des *tripots ;* et tout le monde sera forcé de convenir qu'il est absolument un modèle achevé de la plus délicate urbanité, le vrai *Thersite* du département des Alpes-Maritimes.

Ces détails ne formant essentiellement que la partie épisodique de la pièce, n'en sont proprement que les accessoires. Ce qui en constitue le fond, est bien toute autre chose et a bien un tout autre mérite. En l'examinant avec tant soit peu d'attention, on ne pourra guère discouvenir que l'ingénieux écrivain ne se soit élevé à la hauteur de toute sa célébrité et ne se soit même surpassé.

Quel étoit le but que le grand homme s'étoit proposé dans son éloquente dissertation ? C'étoit celui d'innocenter les administrateurs destitués, de les blanchir, de les laver de la noire et puante croûte dont ils sont couverts de la tête jusqu'aux pieds.

De quelle manière a-t-il rempli son objet ? de la seule manière qui convenoit à l'importance du procès, à la dignité des prévenus, et sur-tout à la renommée de leur digne défenseur, et avec cette dextérité, ce génie, cette force de dialec-

L 2

tique qui caractérisent toutes ses productions, et avec la plus scrupuleuse exactitude des faits, un esprit de vérité, une candeur, une loyauté que Gastaud s'est toujours piqué de mettre dans toutes ses actions ; car Gastaud n'a jamais oublié qu'il est Gastaud : une courte analyse suffira pour le démontrer.

Dans la fameuse lettre qu'il avoit adressée au rédacteur du *Publiciste*, et dont ce dernier a décoré sa feuille *du 29 ventose an 7*, tous les trois destitués avoient été indistinctement proclamés innocens ; dans son pamphlet d'aujourd'hui, ce n'est plus comme ça: La troupe n'est plus toute entière nette du vol de l'argenterie Lascaris dont on l'accuse. Des trois qui la composent, il n'y en a plus que deux qui y soient étrangers : l'autre est mis de côté, et absolument abandonné sous le poids des soupçons qui pesent sur lui. *S'il me restoit quelques doutes* (dit-il), *ce n'étoit que sur le citoyen Payany, qui n'étoit plus administrateur depuis plus de trois mois, et cela sur-tout par rapport au billet dont on y parloit.*

Vous croirez bonnement que cette dissonance de langage soit une contradiction de sa part ; ne le pensez pas, et sur-tout gardez-vous bien de le dire : car Gastaud en seroit vivement piqué, et ne manqueroit pas de vous en faire des reproches amères. Il vous les a même déjà faits. *Le motif* (dit il en parlant de vous), *qui lui fait confondre ainsi ces administrateurs avec Payany, est toujours celui d'un homme de la plus mauvaise foi. Il sait parfaitement que j'ai toujours séparé la cause de ceux-ci, de celle du citoyen Payany ; il veut les réunir ensemble, pour pouvoir dire, dans le cas où il apparoîtroit coupable, il a été défendu comme les citoyens Scudery et Oberty par le représentant Gastaud. Non, le citoyen Dabray ne trouvera, ni dans mes écrits, ni dans mes propos, aucune trace qui indique que j'aie pris sa défense ; mais il ne trouvera pas non plus que je l'aie inculpé par les motifs exprimés dans l'arrêté inique du Directoire exécutif, quelle que soit la différence que je doive faire entre lui et les administrateurs qui s'en trouvent frappés.*

Hâtez-vous, de grace, de désarmer son courroux, en lui remettant sous les yeux la lettre précitée, écrite au rédacteur du *Publiciste*, la partie sur-tout où il est dit : *Si le directeur du jury de l'arrondissement de* Nice *a acquitté les administrateurs susmentionnés, c'est parce qu'ils ont entièrement détruit les inculpations qui les avoient fait comparoître devant lui. Effectivement, comment pouvoit-il* (ce directeur du jury), *faire traduire des administrateurs devant un jury d'accusation, pour des faits qui n'étoient et ne sont que le crime de leurs propres accusateurs ?*

Et ne soyez pas surpris qu'il ait oublié ce qu'il avoit écrit il y a quelques mois : vous connoissez l'immensité et toute l'importance des travaux auxquels il est continuellement livré. Nouveau *Mirabeau*, il est le grand mobile du Corps législatif, et la pierre angulaire de tout l'édifice de la République. C'est d'ailleurs dans l'ordre immuable des choses que les meilleurs chevaux soient sujets quelquefois à broncher : *quandoque bonus dormitat Homerus.* Allons en avant.

Un amas d'indices les plus véhémens, les témoins et les preuves les plus convaincantes écrasent les trois destitués. C'est un *Ferogio* qui a traité de la corbeille d'argenterie directement avec *Payany* ; c'est un *Benza* qui fut mis du commencement dans le secret par *Ferogio*, et poursuivit pas-à-pas la négociation ; c'est un *Marquin* qui a porté la corbeille de l'argenterie chez *Payany*, en compagnie dudit *Ferogio* ; c'est un *billet* écrit à Ferogio par *Payany* lui-même, pour solliciter l'envoi de cette argenterie ; c'est un *Philippi*, à qui *Payany* fit l'aveu de la peine et du grand embarras où il étoit à cause de ce billet ; c'est un projet d'arrêté, écrit de la main d'*Oberty* ; c'est la voix et la clameur publique, enfin, qui retentit de toute part et accuse les trois destitués, *Oberty*, *Payany* et *Scudery*, d'avoir indignement trafiqué de toutes les parties de leur gestion.

Et quel est ce *Ferogio* qui a eu part dans cette affaire, et en a déposé ? (Sa déposition est à la suite de votre mémoire, *pag.* 22 *et suiv.*) C'est un Turinais échappé au massacre des patriotes de son pays, et réfugié à Nice il y a environ deux ans, où il devint l'ami intime de *Payany*, et le protégé de Gastaud qui le plaça dans ses bureaux, le fit nommer professeur de Mathématiques à l'école centrale de ce département, et l'amena ensuite avec lui à Paris. *Ferogio* jouit d'une telle réputation dans sa patrie, sous le triple rapport de la probité, du civisme et des lumières, qu'à peine la révolution fut opérée en Piémont, ses concitoyens s'empressèrent de lui donner un témoignage public de leur estime en le nommant professeur de mathématiques à Turin. *Ferogio* est fondé de pouvoir de la dame *Piossasco*, l'une des héritières du défunt *Lascaris*.

Quel est le nommé *Benza* ? c'est un citoyen de Nice, père de famille, notaire de profession, qui a toujours joui de la réputation d'homme honnête et tranquille, et l'a constamment justifiée par la pureté de ses mœurs, son intégrité et une conduite irréprochable dans l'exercice de sa profession. Il est fondé de pouvoir du marquis *d'Odalengo*, autre héritier *Lascaris*. (Sa déposition est conforme en tout à celle de Ferogio.)

Quel est le nommé *Marquin* ? c'est un Piémontais, natif de Costiglole d'Asti, domicilié depuis environ douze ans dans cette commune de Nice, père de famille qu'il a toujours assez bien maintenue jusqu'à présent avec les travaux de ses bras, et a toujours mérité la confiance de ceux qui ont employé son industrie. (Voyez sa déposition, pièce N°. 34.)

Quel est nommé le *Philippi* ? c'est un citoyen de Menton, bon patriote, qui a occupé, à la satisfaction du public, la place d'administrateur municipal de sa commune, a été électeur, et a plusieurs fois exercé les fonctions de juré. (Voyez sa déposition, pièce n°. 35.)

Quant au billet de *Payany*, le voici mot à mot : *Je t'attends, mon cher ami,* (dit-il à Ferogio) ; *huit heures et demie à peine sonnent. Si la corbeille n'est pas trop pesante, remets-la à la porteuse du présent.*

Et pour ce qui est du projet d'arrêté, il regarde la radiation du défunt *Lascaris*, a été rédigé dans un temps où cette affaire n'étoit pas encore à l'ordre du jour, et son rapport étoit encore à faire. Il est au surplus écrit de la main d'*Oberty*, qui n'étoit pas le rapporteur ; *Scudery* étoit seul chargé de ce rapport.

Vous voyez, d'après cette courte analyse, que jamais peut-être intrigue criminelle n'a été frappée d'un si grand faisceau de lumières, et jamais coupable, traduit devant les tribunaux, n'a eu à combattre tant de motifs de conviction.

Cependant donnez-vous la peine d'entendre notre pamphlétaire, et tout va changer dans un instant :

Diruit, ædificat, mutat quadrata rotundis.

Les volés deviennent les voleurs, les témoins des calomniateurs, les faits les mieux appuyés des romans ou des calomnies, et les accusés des innocents persécutés. Il est parvenu jusqu'à deviner que les renseignemens (si positifs recueillis dans le temps par notre ambassadeur le citoyen *Guinguené* à Turin, n'étoient, dans le fond, que de la marchandise déguisée du commissaire central de ce département. (p. 68.) C'est un grand démon que ce Gastaud; et ses tours de goblets, autant de merveilles inouies.

Payany même, qui du commencement, comme vous avez vu ci-dessus, étoit à ses yeux en état de suspicion, est à présent définitivement déchargé; car c'est *Ferogio* qui a escamoté l'argenterie, et en est le détenteur (p. 43, 72, 74), ou c'est *Ferogio* avec *Bensa*, ou ce sont *Ferogio*, *Bensa* et *Massa*, ou ce sont *Ferogio*, *Bensa*, *Massa* et vous (p. 23, 44.) Arrêtons-nous de grace; car autrement, avec une progression si rapidement croissante, nous aurions grand risque de voir bientôt métamorphosés nos illustres héros d'*Egypte* en autant de *Bégouins*.

A-t-on jamais vu un *négromancien* de la sorte? et la baguette des *Circé* et des *Armide* a-t-elle jamais opéré des métamorphoses si étonnantes et si étranges? Mais ce n'est pas encore le tout.

Gastaud étoit informé que les bijoux et le numéraire délaissés par le défunt *Lascaris* avoient été remis tout de suite, après sa mort, par le citoyen *Millo* de Peille, l'un de ses agens, au *marquis d'Odalengo*, l'un des neveux et des héritiers du défunt, et que les autres héritiers, prétendans à ses dépouilles, s'étoient procuré des déclarations et des certificats dans cette commune de Nice; lui-même, alors commissaire du pouvoir exécutif, les avoit aidés pour faire honneur à la recommandation du citoyen *Jacob*, alors ministre de la République française à Turin, qui lui avoit écrit, en suite de quoi un procès s'étoit allumé entre tous ces héritiers, pour le partage de ces effets, par-devant les tribunaux de Turin, procès qui n'est pas même encore à présent vidé. (Pièce n°. 26.)

Il savoit également que l'affaire de la radiation du défunt *Lascaris*, quoique renvoyée par le ministre de la police générale à l'administration centrale depuis le 11 thermidor an 6, avoit toujours été oubliée; que le rapporteur *Scudery* avoit eu recours à son ami le compère *Roussal* pour la manipulation du rapport; que *Foassal* n'avoit pas pu s'occuper de ce travail que dans le mois suivant de vendémiaire, et que ce rapport par conséquent à peine avoit pu avoir lieu dans la séance du 8 nivose an 7. (Pièce n°. 36.)

Gastaud savoit que les administrateurs destitués, après avoir si utilement exploité la mine des radiations, s'étoient tournés du côté de celle des mises en surveillance qu'ils avoient accordées à des prévenus d'émigration, et sur-tout à des prêtres, et abusant du sens d'une lettre du ministre de la police générale, qui cependant étoit précis et clair, s'étoient permis d'autoriser les administrations municipales à en accorder à leur tour. (Pièce n°. 37.)

Gastaud savoit enfin (car que ne savoit-il pas Gastaud?) que le commissaire *Massa*, à peine informé peu de temps après son installation de ce désordre, qui étoit à ses yeux un abus d'autorité, avoit réclamé auprès des mêmes administrateurs, demandant le rapport de tous ces différens arrêtés, sans avoir jamais rien obtenu.

Eh bien! comme en laissant subsister tous ces faits dans leur entière vérité et pureté, sa fabrique d'imposture alloit être discréditée, et le public devoit nécessairement être entraîné par la force des preuves qui accablent de toute part ses créatures, les destitués ; Gastaud, en maître habile, usant adroitement des ressources de sa tactique favorite, a su les changer de fond en comble et les convertir en autant de moyens de défense.

Tout, dès ce moment, a pris une face nouvelle ; les bijoux et le numéraire *Lascaris* sont allés dans la poche d'*Alexande Massa*, frère du commissaire central : ce dernier est celui qui a toujours tenu en arrière le rapport et la définition de l'affaire Lascaris, et ce sont ses frères et lui qui ont fait venir à Menton et ont toléré les prêtres mis sous la surveillance de l'administration municipale.

Et comme on l'avoit chatouillé, quoique légèrement, au côté foible (car, tout invulnérable qu'il est, Gastaud ne laisse pas que d'avoir *le talon d'Achille*), et on avoit sur tout touché en passant ; et le trafic infame qui s'étoit exercé du temps de son mémorable commissariat, tant sur les radiations d'émigrés que sur le partage des biens de leurs ascendans, et les dilapidations de tout genre, qui avoient été commises dans les biens de la nation, et les acquisitions immenses qu'il avoit faites en son particulier en très peu de temps sans moyens et sans crédit ; et le carrosse Lascaris, dont il s'étoit emparé pour faire le voyage de Paris, et qu'il avoit ensuite fait vendre au mépris du séquestre dont ce carrosse étoit frappé au nom de la nation ; et les vices capitaux qui défigurent un tant si peu sa belle nomination au Corps législatif, produit de l'intrigue la plus scandaleuse dans la forme, et tout-à-fait nulle dans le fond. Sans se déconcerter en rien que ce soit, Gastaud, se couvrant du bouclier si commode, tantôt d'un prudent silence et tantôt du mensonge et de la récrimination, s'est bravement tiré d'affaire.

Ainsi l'article des dilapidations des biens nationaux, et la vente des partages des biens d'ascendans d'émigrés, l'a définitivement arrangé en n'en parlant pas.

Le commerce criminel qui a été exercé sur les radiations des émigrés, et dont il n'y a rien de plus notoire dans tout votre département, l'a justifié complétement en niant que ces radiations soient au nombre de cinq cents comme vous avez supposé.

L'accroissement instantané et immense de sa fortune, dont personne ne méconnoît la source impure, le fait habilement rejaillir de l'avilissement des mandats, dont on a tant de droit cependant de lui contester le versement effectif dans le délai prescrit par la loi dans la caisse nationale.

L'escamotage du beau carrosse *Lascaris*, emporté à Paris et vendu, est justifié sur ce qu'il n'est pas lui, à ce qu'il dit, qui en a emporté le prix, et sur ce que vous aussi, pour votre premier voyage de Paris, vous vous êtes servi avec Massa d'un carrosse qui étoit également sous séquestre au nom de la nation ; comme si votre crime, dans le cas qu'il fût vrai, eût pu autoriser le sien, et l'appropriation du prix de la chose soit une condition nécessaire à l'entière consommation du vol.

Enfin, quant à sa nomination que personne n'ignore avoir été le produit de l'intrigue la plus scandaleuse, poussée au point de supposer des lettres du gouvernement et des représentans qui le demandoient impérieusement, et qui d'ailleurs est aussi en opposition avec la constitution qu'avec la loi du 3 brumaire, Gastaud étant sans contredit en état de faillite, et ayant sa belle sœur émigrée, il l'a victorieusement défendue par la raison sans réplique, qu'il a remporté tous les suffrages moins un, qui étoit le sien ; révélation bien importante pour mettre toujours plus à découvert l'excès de délicatesse qu'il est accoutumé à porter dans tout ce qui le regarde.

Il n'y a pas eu même jusqu'au 30 prairial dernier qui ne lui ait fourni l'occasion d'un beau triomphe ; car, voyant en homme vieilli dans les affaires, combien cet évènement se prêtoit naturellement à ses hauts projets, sans s'embarrasser de la petite contradiction qu'il y avoit entre applaudir à cette mémorable journée, et en dénaturer le résultat par la protection qu'il accorde aux voleurs et dilapidateurs de la fortune publique, il a crié lui aussi, et de plus fort, à l'oppression, à la tyrannie, et a tâché de faire croire *qu'il existoit un plan* (je me sers de ses propres expressions), *pour maintenir dans le département l'influence dont avoit besoin l'ancien Directoire, et que les motifs consignés dans l'arrêté du 29 frimaire n'étoient qu'un prétexte pour expulser de l'administration des hommes qui ne lui plaisoient point, et y substituer les instrumens des volontés et des actes de despotisme que le Directoire et ses ministres vouloient y exercer.*

Gastaud avoit assurément appris de son *barbier* que *l'âne de la fable* s'étoit immortalisé en donnant le *coup de pied* au *lion mourant*, et il étoit juste qu'il enlevât cette gloire à son *prédécesseur* en donnant *son coup de pied* au Directoire après qu'il avoit cessé d'exister.

Ce seroit ici le lieu de vous parler de beaucoup d'autres traits vraiment originaux qui brillent dans l'ouvrage immortel de Gastaud, de celui, par exemple, où il s'indigne de ce qu'on n'a pas accolé le quatrième administrateur, le citoyen *Donny*, aux trois autres dans la dénonciation et les dépositions relatives à la honteuse affaire de l'argenterie Lascaris, de celui où, plein d'un noble courroux, il donne un coup de sa terrible massue au citoyen *Tiranty*, qu'il qualifie de *directeur en second ordre de ce procès et le procureur délégué de Ferrogio*, sur le soupçon que l'exception de *Donny* ait été le fruit de sa protection ; de celui où le citoyen *Audibert* est désigné sous l'honorable épithète d'homme *particulièrement connu par des intrigues et par les moyens mis en usage dans l'assemblée électorale de 1793 pour vous faire nommer à la Convention* ; de celui où il rend la justice à sa patrie de la qualifier *de foyer des banqueroutiers et autres voleurs étrangers qui n'avoient que trop d'imitateurs parmi les commerçans du pays* ; de celui où, avec une sévérité digne des plus beaux jours de *l'aréopage*, il ne sait trouver que des misérables *valets de patriciens* dans les élémens qui composoient jadis les tribunaux de *Lucques*, *de Gênes, et de la ci-devant principauté de Monaco*, qui seront sûrement autant surpris de la bizarre compagnie où ils se trouvent fourrés, que flattés de la mention honorable que leur a bien voulu accorder l'incomparable représentant : mais je n'en finirois pas jamais, si je vouliois relever tout ce qu'il y a de saillant et de vraiment remarquable dans la sublime production de Gastaud. Le peu que j'en ai signalé, joint à la connoissance que vous en aviez déja, sera plus que suffisant pour vous confirmer toujours plus dans la haute idée que vous avez du mérite de cet ouvrage unique, et vous faire apprécier au juste la profondeur de jugement, la finesse de tact, les lumières, la vérité, la sagesse, la modération et l'impartialité qu'y étale de toute part le respectable auteur.

Réunissons-nous donc au grand nombre de ceux qui le connoissent, pour lui

payer

payer le tribut d'estime et d'admiration qui lui est dû ; et puisque dans l'ancien régime la reconnoissance publique lui décerna le beau titre si justement appliqué de *sac à procès*, qu'il obtienne de la nôtre celui *de sac à impostures et à calomnies*, qu'il a si bien mérité.

Salut et fraternité.

Signé, N. N.

N°. XXXIV.

Du 5 pluviose an 7 de la République française une et indivisible, pardevant nous Antoine Dalmassi, directeur du jury de l'arrondissement de Nice, département des Alpes-Maritimes, faisant fonction d'officier de police judiciaire, est comparu, en vertu de notre cédule d'assignation délivrée le jour d'hier, le citoyen *Charles Marquin de Costiole*, en Piémont, pour être entendu sur les faits et circonstances contenus dans l'arrêté du Directoire exécutif et lettre de l'accusateur public susdésigné ; lequel témoin a fait sa déclaration ainsi qu'il suit, après avoir déclaré n'être parent, allié, débiteur, créancier ni domestique des citoyens Donny, Scudery, Oberty et Payany, prévenus dans l'affaire dont s'agit, et d'être âgé de trente et un ans environ.

Moi *Charles Marquin*, piémontais, domicilié depuis douze ans environ dans cette commune, déclare n'avoir aucune connoissance des faits et circonstances contenus dans ledit arrêté et lettre de l'accusateur public, dont lecture vient de m'être faite ; mais tout ce que je puis savoir relatif au même affaire peut-être, consiste, savoir que vers la fin de messidor dernier je fus requis par le citoyen François Ferogio de porter avec lui plusieurs pièces d'argenterie chez le citoyen Payany, alors administrateur de ce département ; je me suis porté chez lui sur les sept heures environ du soir, il m'a remis une corbeille couverte d'un linge blanc dans laquelle existoient plusieurs assiettes, jattes, etc. que je ne saurois préciser, mais qui pouvoient peser environ trois rups de Nice, poids brut. Le citoyen Ferogio m'a accompagné ; nous avons traversé la place Egalité, la place de la Paix, et arrivés à la rue Poissonnerie, nous avons monté l'escalier ordinaire de la maison du citoyen Dalmas ; et après avoir plusieurs fois frappé à la porte, la domestique est venue nous ouvrir, et elle a dit au citoyen Ferogio que le citoyen Payany étoit sorti : le citoyen Ferogio dit alors à la domestique de dire au citoyen Payany qu'il seroit passé le lendemain avec la même corbeille. Effectivement le jour après, le citoyen Ferogio fut me chercher quelques moments avant les neuf heures du matin, et me pria de passer de nouveau chez lui pour reprendre la corbeille dans laquelle existoient les pièces précitées, et la porter de nouveau chez le citoyen Payany. J'ai obtempéré à ses demandes, et laissant toutes les occupations que j'avois par les mains, je me suis porté chez lui ; il m'a chargé la même corbeille, et faisant la même route que la veille, nous avons été chez le citoyen Payany, qui étoit à nous attendre. C'est dans ses mains que le citoyen Ferogio a remis la corbeille dont j'étois porteur, et dans laquelle existoient les pièces d'argenterie susmentionnées.

Et plus a dit ne savoir ; et lecture à lui faite de sa présente déclaration, a déclaré y persister pour contenir la vérité, et requis de signer, a déclaré ne savoir, et avons signé.

Dalmassy, *directeur du jury* ; Passeron, *greffier*.

Dalmassy.

M

N°. XXXV.

Déclaration du nommé Philippi.

Et successivement pardevant nous directeur du jury susdit et officier de police judiciaire, est comparu le citoyen *Joseph Philippi*, témoin appelé en vertu de la cédule délivrée par nous le 4 du courant, à l'effet de déclarer les faits et circonstances qui sont à sa connoissance au sujet du délit dont sont prévenus les citoyens Donny, Oberty, Scudery et Payany, ex-administrateurs de ce département, contenus dans l'arrêté du Directoire exécutif, en date du 29 frimaire dernier, et de la lettre de l'accusateur public près le tribunal criminel de ce même département, du 19 nivose dernier, dont lecture lui a été faite, lequel témoin susnommé a fait sa déclaration ainsi qu'il suit :

Moi *Joseph Philippi*, originaire de la commune de Menton, résidant en cette commune en qualité d'employé près l'administration centrale, âgé d'environ trente-cinq ans, déclare en premier lieu n'être parent, allié, serviteur ni domestique d'aucun desdits prévenus ; et, en second lieu, d'avoir appris par la clameur publique la vente que l'administration centrale de ce département a fait des armes et effets de guerre qui se trouvoient en cette commune appartenans à la République, et d'en avoir favorisé la sortie ; mais j'ignore totalement s'ils en ont été autorisés par qui de droit, et de la manière qu'ils sont parvenus à faire une pareille vente. Je n'ai aucune connoissance des pièces d'argenterie appartenant à l'émigré Lascaris, dont le bruit public est qu'elle a été remise au citoyen Payany pour être partagée avec les susdits Oberty et Scudery. Tout ce que je sais de relatif à ce même affaire concernant la dite argenterie, consiste que venant de la ville d'Aix, il y a vingt jours environ, j'ai rencontré au-devant de l'auberge du bois de l'Esterel le courier qui portoit entre autres ledit citoyen Payany, ex-administrateur de ce département, duquel je m'approchai de suite, le connoissant, et auquel je demandai par quel bon hasard il venoit à Nice ; à quoi il me répondit : Ignorez-vous la destitution de trois administrateurs, motif qui m'a obligé de quitter mes affaires à Aix, où j'étois pour me rendre de suite à Nice, et pour tâcher de me justifier, me trouvant compliqué dans l'affaire de l'argenterie, ayant fait ou signé le billet en question. Après quoi il continua son chemin.

Et plus a dit ne savoir ; et après lecture de sa présente déclaration, y a persisté pour contenir vérité, et requis de signer a signé avec nous au bas de chaque page.

Signé, Joseph Philippi ; Dalmassy, *directeur du jury* ; Passeron, *greffier*.

N°. XXXVI.

Extrait des registres des délibérations et arrêtés de l'administration centrale du département des Alpes maritimes.

Parte in quâ de la séance du 4 fructidor an 6 de la République française, une et indivisible.

Le président a fait lecture d'une lettre du ministre de la police générale du 11 thermidor relative à Jean-Paul-Augustin Lascaris, prévenu d'émigration ; il renvoie les pièces le concernant, pour que l'administration ait à prononcer sur ses réclamations.

Après la lecture de la lettre du ministre de la police générale ci-dessus relatée, concernant le nommé Lascaris,

Il a été délibéré que le membre de cette administration chargé du bureau des émigrés fera incessamment un rapport relativement aux réclamations dudit Lascaris, pour que l'administration centrale soit à même de statuer.

Signé, Oberty, Tremois, Scudery, et Donny, *président ;* Massa, *commissaire du Directoire exécutif.*

Parte in quâ de la séance du 8 nivose an 7 républicain.

Le président a fait lecture d'une lettre du ministre de la police générale datée de frimaire, sans préciser le jour : il invite cette administration, dans le cas qu'elle auroit statué sur la demande en radiation de la liste des émigrés du nom de Jean-Paul-Augustin Lascaris, de lui transmettre l'arrêté qu'elle auroit pris à ce sujet avec les pièces qui auroient servi de base ; et dans le cas contraire, il l'engage à prononcer le plus tôt possible.

Le reste de la séance a été employé à entendre la lecture du rapport fait par le membre chargé de la partie des émigrés, relatif à la réclamation de Jean-Paul-Augustin Lascaris ; et cette lecture ayant prolongé la séance au-delà de deux heures après-midi, l'administration a ajourné la décision de cette affaire à une autre séance.

Signé, Sauvaigne, Scudery, Donny, Oberty, *président ;* et Massa, *commissaire du Directoire exécutif.*

Pour copie conforme.

Le président et le secrétaire en chef de l'administration centrale du département des Alpes maritimes.

Nice, le 15 vendémiaire an 8 de la République française, une et indivisible.

Signé, Bona, *président provisoire.*

Le secrétaire en chef, Lanciares.

Je soussigné, secrétaire en chef de l'administration centrale du département des Alpes maritimes, certifie que depuis le 4 fructidor an 6, au 8 nivose an 7 inclusivement, il ne se trouve sur les registres des séances de l'administration centrale qu'il ait été fait mention de l'affaire Lascaris, sauf dans les deux séances ci-dessus relatées.

En foi de quoi, à la réquisition du commissaire central, j'ai expédié la présente déclaration.

Nice, le 15 vendémiaire an 8 républicain.

Signé, le secrétaire en chef, Lanciares.

N°. XXXVII.

Lettre du commissaire Massa à l'administration centrale.

Nice, le 3 frimaire an 7 de la République française, une et indivisible.

Le commissaire du Directoire exécutif près l'administration centrale du département des Alpes maritimes, à l'administration centrale de ce département.

Citoyens administrateurs,

Depuis long-temps vous vous étiez proposé de prendre une mesure générale sur les mises en surveillance que les administrations municipales des cantons ont accordées à des émigrés, d'après vos autorisations, et rien n'a encore été statué. Le mal cependant empire, la situation de notre département est des plus alarmantes, les lois sont méconnues, et le régime républicain presque nul.

Veuillez, citoyens administrateurs, fixer vos regards sur cet état déplorable de choses, et aviser aux moyens prompts et efficaces pour le faire cesser et établir enfin l'empire des lois.

Le commissaire du Directoire exécutif.

Signé, Massa.

Nota. Cette lettre se trouve cotée, ainsi qu'il suit, de la main de l'ex-administrateur Scudery : 3 frimaire an 7, Massa, commissaire du Directoire exécutif, relative aux prêtres déportés.

Certifié conforme à l'original déposé au bureau des émigrés.

Le président et secrétaire en chef de l'administration centrale du département des Alpes maritimes.

Signé, Bona, *président provisoire.*

Le secrétaire en chef, Lanciares.

N°. XXXVIII.

Extrait des registres des délibérations et arrêtés de l'administration centrale du département des Alpes maritimes.

Extrait *parte in quâ* de la séance du 4 frimaire an 7 de la République.

Sur la motion d'un membre, il a été arrêté que le 6 courant, à quatre heures de relevée, l'administration tiendra une séance pour s'occuper, exclusivement à tout autre objet, des émigrés mis en surveillance, et des prêtres qui pourroient être dans le cas des lois mentionnées dans la circulaire du ministre de la police générale du 14 brumaire dernier.

Signé, Oberty, *président* ; Donny, Tremois, Scudery.

Signé, Massa, *commissaire du Directoire exécutif.*

Pour copie conforme.

Le président et secrétaire en chef du département des Alpes maritimes.

Signé, Bona, *président provisoire.*

Le secrétaire en chef, Lanciares.

Je soussigné, secrétaire en chef de l'administration centrale du département des Alpes maritimes, à la requête du commissaire central, certifie que, après exacte recherche faite sur les registres des séances de cette administration centrale, je n'ai trouvé que cette même administration, depuis le 4 frimaire jusqu'au 19 floréal an 7 inclusivement, se soit occupée de l'objet relatif à la mise en surveillance des émigrés, et que ce n'est qu'à la susdite époque du 19 floréal an 7 que l'administration renouvelée a pris un arrêté qui ordonne à tous les individus qui auroient obtenu de mises en surveillance de se présenter pardevant cette administration centrale à l'effet d'y vérifier et examiner leurs titres, et s'assurer par qui ces mises en surveillance ont été accordées.

En foi de quoi, etc.

Nice, le 21 vendémiaire an 8 de la République française, une et indivisible.

Signé, le secrétaire en chef, Lanciares.

Pour copies conformes.

D A B R A Y.

BAUDOUIN, Imprimeur du Corps législatif, place du Carrousel, n° 662.

www.ingramcontent.com/pod-product-compliance
Lightning Source LLC
LaVergne TN
LVHW052106090426
835512LV00035B/1001